最新法律文件解读丛书

刑事法律文件解读

总第 173 辑(2019. 11)

最新法律文件解读丛书编选组　编

人民法院出版社

图书在版编目(CIP)数据

刑事法律文件解读. 总第173辑 / 最新法律文件解读丛书编选组编. --北京:人民法院出版社,2019.12
(最新法律文件解读丛书)
ISBN 978-7-5109-2688-4

Ⅰ.①刑… Ⅱ.①最… Ⅲ.①刑法-法律解释-中国②刑事诉讼法-法律解释-中国 Ⅳ.①D924.05②D925.205

中国版本图书馆CIP数据核字(2019)第255039号

刑事法律文件解读. 总第173辑
最新法律文件解读丛书编选组 编

责任编辑 姜 峤
出版发行 人民法院出版社
地　　址 北京市东城区东交民巷27号 邮编 100745
电　　话 (010)67550573(责任编辑) 67550558(发行部查询)
65223677(读者服务部)
客服QQ 2092078039
网　　址 http://www.courtbook.com.cn
E-mail courtbook@sina.com
印　　刷 三河市国英印务有限公司
经　　销 新华书店
开　　本 787毫米×1092毫米 1/16
字　　数 140千字
印　　张 8
版　　次 2019年12月第1版 2019年12月第1次印刷
书　　号 ISBN 978-7-5109-2688-4
定　　价 22.00元

卷首语

2019年10月21日全国扫黑办在京召开新闻发布会，发布国家监委与最高人民法院、最高人民检察院、公安部、司法部联合印发的《关于在扫黑除恶专项斗争中分工负责、互相配合、互相制约严惩公职人员涉黑涉恶违法犯罪问题的通知》、“两高两部”联合印发的《关于办理非法放贷刑事案件适用法律若干问题的意见》《关于办理利用信息网络实施黑恶势力犯罪案件若干问题的意见》《关于办理跨省异地执行刑罚的黑恶势力罪犯坦白检举构成自首立功案件的指导意见》四个法律政策文件。这是继2019年年4月发布关于办理恶势力、套路贷、软暴力刑事案件以及黑恶势力刑事案件财产处置等指导意见后，全国扫黑办发布的又一批指导性文件。这四个文件的出台，是认真贯彻全面依法治国部署要求的具体体现，也是完善专项斗争法律政策保障的重要举措，对于确保扫黑除恶“打准、打狠、打深、打透”，推动专项斗争依法深入健康发展必将产生积极而深远的影响。为此，我们编辑了《“扫黑除恶”专辑二》，收录了四个法律政策文件及牵头起草单位相关负责人答记者问，并汇总了部分地方法院出台的扫黑除恶相关文件及典型案例，方便广大读者学习适用。

《最新法律文件解读》丛书
编　辑　部

范春雪　（010）67550525
姜　峤　（010）67550573
丁丽娜　（010）67550608
张　奎　（010）67550673
路建华　（010）67550660

执行编辑　姜　峤
邮　　箱　bj85250573@126.com

目　录

【地方司法业务文件】

［法律政策文件］

国家监察委员会　最高人民法院　最高人民检察院
公安部　司法部

关于在扫黑除恶专项斗争中分工负责、互相配合、互相制约严惩公职人员涉黑涉恶违法犯罪问题的通知

（2019年10月20日）

为认真贯彻党中央关于开展扫黑除恶专项斗争的重大决策部署，全面落实习近平总书记关于扫黑除恶与反腐败结合起来，与基层"拍蝇"结合起来的重要批示指示精神，进一步规范和加强各级监察机关、人民法院、人民检察院、公安机关、司法行政机关在惩治公职人员涉黑涉恶违法犯罪中的协作配合，推动扫黑除恶专项斗争取得更大成效，根据刑法、刑事诉讼法、监察法及最高人民法院、最高人民检察院、公安部、司法部《关于办理黑恶势力犯罪若干问题的指导意见》的规定，现就有关问题通知如下：

一、总体要求

1. 进一步提升政治站位。坚持以习近平新时代中国特色社会主义思想为指导，从增强"四个意识"、坚定"四个自信"、做到"两个维护"的政治高度，立足党和国家工作大局，深刻认识和把握开展扫黑除恶专项斗争的重大意义。深挖黑恶势力滋生根源，铲除黑恶势力生存根基，严惩公职人员涉黑涉恶违法犯罪，除恶务尽，切实维护群众利益，进一步净化基层政治生态，推动扫

黑除恶专项斗争不断向纵深发展，推进全面从严治党不断向基层延伸。

2. 坚持实事求是。坚持以事实为依据，以法律为准绳，综合考虑行为人的主观故意、客观行为、具体情节和危害后果，以及相关黑恶势力的犯罪事实、犯罪性质、犯罪情节和对社会的危害程度，准确认定问题性质，做到不偏不倚、不枉不纵。坚持惩前毖后、治病救人方针，严格区分罪与非罪的界限，区别对待、宽严相济。

3. 坚持问题导向。找准扫黑除恶与反腐"拍蝇"工作的结合点，聚焦涉黑涉恶问题突出、群众反映强烈的重点地区、行业和领域，紧盯农村和城乡结合部，紧盯建筑工程、交通运输、矿产资源、商贸集市、渔业捕捞、集资放贷等涉黑涉恶问题易发多发的行业和领域，紧盯村"两委"、乡镇基层站所及其工作人员，严肃查处公职人员涉黑涉恶违法犯罪行为。

二、严格查办公职人员涉黑涉恶违法犯罪案件

4. 各级监察机关、人民法院、人民检察院、公安机关应聚焦黑恶势力违法犯罪案件及坐大成势的过程，严格查办公职人员涉黑涉恶违法犯罪案件。重点查办以下案件：公职人员直接组织、领导、参与黑恶势力违法犯罪活动的案件；公职人员包庇、纵容、支持黑恶势力犯罪及其他严重刑事犯罪的案件；公职人员收受贿赂、滥用职权，帮助黑恶势力人员获取公职或政治荣誉，侵占国家和集体资金、资源、资产，破坏公平竞争秩序，或为黑恶势力提供政策、项目、资金、金融信贷等支持帮助的案件；负有查禁监管职责的国家机关工作人员滥用职权、玩忽职守帮助犯罪分子逃避处罚的案件；司法工作人员徇私枉法、民事枉法裁判、执行判决裁定失职或滥用职权、私放在押人员以及徇私舞弊减刑、假释、暂予监外执行的案件；在扫黑除恶专项斗争中发生的公职人员滥用职权，徇私舞弊，包庇、阻碍查处黑恶势力犯罪的案件，以及泄露国家秘密、商业秘密、工作秘密，为犯罪分子通风报信的案件；公职人员利用职权打击报复办案人员的案件。

公职人员的范围，根据《中华人民共和国监察法》第十五条的规定认定。

5. 以上情形，由有关机关依规依纪依法调查处置，涉嫌犯罪的，依法追究刑事责任。

三、准确适用法律

6. 国家机关工作人员包庇黑社会性质的组织，或者纵容黑社会性质的组

织进行违法犯罪活动的，以包庇、纵容黑社会性质组织罪定罪处罚。

国家机关工作人员既组织、领导、参加黑社会性质组织，又对该组织进行包庇、纵容的，应当以组织、领导、参加黑社会性质组织罪从重处罚。

国家机关工作人员包庇、纵容黑社会性质组织，该包庇、纵容行为同时还构成包庇罪、伪证罪、妨害作证罪、徇私枉法罪、滥用职权罪、帮助犯罪分子逃避处罚罪、徇私舞弊不移交刑事案件罪，以及徇私舞弊减刑、假释、暂予监外执行罪等其他犯罪的，应当择一重罪处罚。

7. 非国家机关工作人员与国家机关工作人员共同包庇、纵容黑社会性质组织，且不属于该组织成员的，以包庇、纵容黑社会性质组织罪的共犯论处。非国家机关工作人员的行为同时还构成其他犯罪，应当择一重罪处罚。

8. 公职人员利用职权或职务便利实施包庇、纵容黑恶势力、伪证、妨害作证，帮助毁灭、伪造证据，以及窝藏、包庇等犯罪行为的，应酌情从重处罚。事先有通谋而实施支持帮助、包庇纵容等保护行为的，以具体犯罪的共犯论处。

四、形成打击公职人员涉黑涉恶违法犯罪的监督制约、配合衔接机制

9. 监察机关、公安机关、人民检察院、人民法院在查处、办理公职人员涉黑涉恶违法犯罪案件过程中，应当分工负责，互相配合，互相制约，通过对办理的黑恶势力犯罪案件逐案筛查、循线深挖等方法，保证准确有效地执行法律，彻查公职人员涉黑涉恶违法犯罪。

10. 监察机关、公安机关、人民检察院、人民法院要建立完善查处公职人员涉黑涉恶违法犯罪重大疑难案件研判分析、案件通报等工作机制，进一步加强监察机关、政法机关之间的配合，共同研究和解决案件查处、办理过程中遇到的疑难问题，相互及时通报案件进展情况，进一步增强工作整体性、协同性。

11. 监察机关、公安机关、人民检察院、人民法院、司法行政机关要建立公职人员涉黑涉恶违法犯罪线索移送制度，对工作中收到、发现的不属于本单位管辖的公职人员涉黑涉恶违法犯罪线索，应当及时移送有管辖权的单位处置。

移送公职人员涉黑涉恶违法犯罪线索，按照以下规定执行：

（1）公安机关、人民检察院、人民法院、司法行政机关在工作中发现公职人员涉黑涉恶违法犯罪中的涉嫌贪污贿赂、失职渎职等职务违法和职务犯罪等应由监察机关管辖的问题线索，应当移送监察机关。

（2）监察机关在信访举报、监督检查、审查调查等工作中发现公职人员涉黑涉恶违法犯罪线索的，应当将其中涉嫌包庇、纵容黑社会性质组织犯罪等由公安机关管辖的案件线索移送公安机关处理。

（3）监察机关、公安机关、人民检察院、人民法院、司法行政机关在工作中发现司法工作人员涉嫌利用职权实施的侵犯公民权利、损害司法公正案件线索的，根据有关规定，经沟通后协商确定管辖机关。

12. 监察机关、公安机关、人民检察院接到移送的公职人员涉黑涉恶违法犯罪线索，应当按各自职责及时处置、核查，依法依规作出处理，并做好沟通反馈工作；必要时，可以与相关线索或案件并案处理。

对于重大疑难复杂的公职人员涉黑涉恶违法犯罪案件，监察机关、公安机关、人民检察院可以同步立案、同步查处，根据案件办理需要，相互移送相关证据，加强沟通配合，做到协同推进。

13. 公职人员涉黑涉恶违法犯罪案件中，既涉嫌贪污贿赂、失职渎职等严重职务违法或职务犯罪，又涉嫌公安机关、人民检察院管辖的违法犯罪的，一般应当以监察机关为主调查，公安机关、人民检察院予以协助。监察机关和公安机关、人民检察院分别立案调查（侦查）的，由监察机关协调调查和侦查工作。犯罪行为仅涉及公安机关、人民检察院管辖的，由有关机关依法按照管辖职能进行侦查。

14. 公安机关、人民检察院、人民法院对公职人员涉黑涉恶违法犯罪移送审查起诉、提起公诉、作出裁判，必要时听取监察机关的意见。

15. 公职人员涉黑涉恶违法犯罪案件开庭审理时，人民法院应当通知监察机关派员旁听，也可以通知涉罪公职人员所在单位、部门、行业以及案件涉及的单位、部门、行业等派员旁听。

最高人民法院　最高人民检察院　公安部　司法部

印发《关于办理非法放贷刑事案件若干问题的意见》的通知

（2019年7月23日）

各省、自治区、直辖市高级人民法院、人民检察院、公安厅（局）、司法厅（局），解放军军事法院、军事检察院，新疆维吾尔自治区高级人民法院生产建设兵团分院、新疆生产建设兵团人民检察院、公安局、司法局：

为依法惩治非法放贷犯罪活动，切实维护国家金融市场秩序与社会和谐稳定，有效防范因非法放贷诱发涉黑涉恶以及其他违法犯罪活动，保护公民、法人和其他组织合法权益，最高人民法院、最高人民检察院、公安部、司法部联合制定了《关于办理非法放贷刑事案件若干问题的意见》，请认真贯彻执行。

附：

最高人民法院　最高人民检察院　公安部　司法部

关于办理非法放贷刑事案件若干问题的意见

为依法惩治非法放贷犯罪活动，切实维护国家金融市场秩序与社会和谐稳定，有效防范因非法放贷诱发涉黑涉恶以及其他违法犯罪活动，保护公民、法人和其他组织合法权益，根据刑法、刑事诉讼法及有关司法解释、规范性文件的规定，现对办理非法放贷刑事案件若干问题提出如下意见：

一、违反国家规定，未经监管部门批准，或者超越经营范围，以营利为目的，经常性地向社会不特定对象发放贷款，扰乱金融市场秩序，情节严重的，依照刑法第二百二十五条第（四）项的规定，以非法经营罪定罪处罚。

前款规定中的“经常性地向社会不特定对象发放贷款”，是指2年内向不特定多人（包括单位和个人）以借款或其他名义出借资金10次以上。

贷款到期后延长还款期限的，发放贷款次数按照1次计算。

二、以超过36%的实际年利率实施符合本意见第一条规定的非法放贷行为，具有下列情形之一的，属于刑法第二百二十五条规定的“情节严重”，但单次非法放贷行为实际年利率未超过36%的，定罪量刑时不得计入：

（一）个人非法放贷数额累计在200万元以上的，单位非法放贷数额累计在1000万元以上的；

（二）个人违法所得数额累计在80万元以上的，单位违法所得数额累计在400万元以上的；

（三）个人非法放贷对象累计在50人以上的，单位非法放贷对象累计在150人以上的；

（四）造成借款人或者其近亲属自杀、死亡或者精神失常等严重后果的。

具有下列情形之一的，属于刑法第二百二十五条规定的“情节特别严重”：

（一）个人非法放贷数额累计在1000万元以上的，单位非法放贷数额累计在5000万元以上的；

（二）个人违法所得数额累计在400万元以上的，单位违法所得数额累计在2000万元以上的；

（三）个人非法放贷对象累计在250人以上的，单位非法放贷对象累计在750人以上的；

（四）造成多名借款人或者其近亲属自杀、死亡或者精神失常等特别严重后果的。

三、非法放贷数额、违法所得数额、非法放贷对象数量接近本意见第二条规定的“情节严重”“情节特别严重”的数额、数量起点标准，并具有下列情形之一的，可以分别认定为“情节严重”“情节特别严重”：

（一）2年内因实施非法放贷行为受过行政处罚2次以上的；

（二）以超过72%的实际年利率实施非法放贷行为10次以上的。

前款规定中的“接近”，一般应当掌握在相应数额、数量标准的80%以上。

四、仅向亲友、单位内部人员等特定对象出借资金，不得适用本意见第一条的规定定罪处罚。但具有下列情形之一的，定罪量刑时应当与向不特定对象非法放贷的行为一并处理：

（一）通过亲友、单位内部人员等特定对象向不特定对象发放贷款的；

（二）以发放贷款为目的，将社会人员吸收为单位内部人员，并向其发放贷款的；

（三）向社会公开宣传，同时向不特定多人和亲友、单位内部人员等特定对象发放贷款的。

五、非法放贷数额应当以实际出借给借款人的本金金额认定。非法放贷行为人以介绍费、咨询费、管理费、逾期利息、违约金等名义和以从本金中预先扣除等方式收取利息的，相关数额在计算实际年利率时均应计入。

非法放贷行为人实际收取的除本金之外的全部财物，均应计入违法所得。

非法放贷行为未经处理的，非法放贷次数和数额、违法所得数额、非法放贷对象数量等应当累计计算。

六、为从事非法放贷活动，实施擅自设立金融机构、套取金融机构资金高利转贷、骗取贷款、非法吸收公众存款等行为，构成犯罪的，应当择一重罪处罚。

为强行索要因非法放贷而产生的债务，实施故意杀人、故意伤害、非法拘禁、故意毁坏财物、寻衅滋事等行为，构成犯罪的，应当数罪并罚。

纠集、指使、雇佣他人采用滋扰、纠缠、哄闹、聚众造势等手段强行索要债务，尚不单独构成犯罪，但实施非法放贷行为已构成非法经营罪的，应当按照非法经营罪的规定酌情从重处罚。以上规定的情形，刑法、司法解释另有规定的除外。

七、有组织地非法放贷，同时又有其他违法犯罪活动，符合黑社会性质组织或者恶势力、恶势力犯罪集团认定标准的，应当分别按照黑社会性质组织或者恶势力、恶势力犯罪集团侦查、起诉、审判。

黑恶势力非法放贷的，据以认定"情节严重""情节特别严重"的非法放贷数额、违法所得数额、非法放贷对象数量起点标准，可以分别按照本意见第二条规定中相应数额、数量标准的50%确定；同时具有本意见第三条第一款规定情形的，可以分别按照相应数额、数量标准的40%确定。

八、本意见自2019年10月21日起施行。对于本意见施行前发生的非法放贷行为，依照最高人民法院《关于准确理解和适用刑法中"国家规定"的有关问题的通知》（法发〔2011〕155号）的规定办理。

最高人民法院　最高人民检察院　公安部　司法部

关于印发《关于办理利用信息网络实施黑恶势力犯罪刑事案件若干问题的意见》的通知

（2019 年 7 月 23 日）

各省、自治区、直辖市高级人民法院、人民检察院、公安厅（局）、司法厅（局），解放军军事法院、军事检察院，新疆维吾尔自治区高级人民法院生产建设兵团分院、新疆生产建设兵团人民检察院、公安局、司法局：

为认真贯彻落实中央开展扫黑除恶专项斗争的部署要求，正确理解和适用最高人民法院、最高人民检察院、公安部、司法部《关于办理黑恶势力犯罪案件若干问题的指导意见》，最高人民法院、最高人民检察院、公安部、司法部研究制定了《关于办理利用信息网络实施黑恶势力犯罪刑事案件若干问题的意见》。现印发给你们，请认真贯彻执行。

附：

最高人民法院　最高人民检察院　公安部　司法部

关于办理利用信息网络实施黑恶势力犯罪刑事案件若干问题的意见

为认真贯彻中央关于开展扫黑除恶专项斗争的部署要求，正确理解和适用最高人民法院、最高人民检察院、公安部、司法部《关于办理黑恶势力犯罪案件若干问题的指导意见》（法发〔2018〕1 号，以下简称《指导意见》），根据刑法、刑事诉讼法、网络安全法及有关司法解释、规范性文件的规定，现对办理利用信息网络实施黑恶势力犯罪案件若干问题提出以下意见：

一、总体要求

1. 各级人民法院、人民检察院、公安机关及司法行政机关应当统一执法思想、提高执法效能，坚持“打早打小”，坚决依法严厉惩处利用信息网络实施的黑恶势力犯罪，有效维护网络安全和经济、社会生活秩序。

2. 各级人民法院、人民检察院、公安机关及司法行政机关应当正确运用法律，严格依法办案，坚持“打准打实”，认真贯彻落实宽严相济刑事政策，切实做到宽严有据、罚当其罪，实现政治效果、法律效果和社会效果的统一。

3. 各级人民法院、人民检察院、公安机关及司法行政机关应当分工负责，互相配合、互相制约，切实加强与相关行政管理部门的协作，健全完善风险防控机制，积极营造线上线下社会综合治理新格局。

二、依法严惩利用信息网络实施的黑恶势力犯罪

4. 对通过发布、删除负面或虚假信息，发送侮辱性信息、图片，以及利用信息、电话骚扰等方式，威胁、要挟、恐吓、滋扰他人，实施黑恶势力违法犯罪的，应当准确认定，依法严惩。

5. 利用信息网络威胁他人，强迫交易，情节严重的，依照刑法第二百二十六条的规定，以强迫交易罪定罪处罚。

6. 利用信息网络威胁、要挟他人，索取公私财物，数额较大，或者多次实施上述行为的，依照刑法第二百七十四条的规定，以敲诈勒索罪定罪处罚。

7. 利用信息网络辱骂、恐吓他人，情节恶劣，破坏社会秩序的，依照刑法第二百九十三条第一款第二项的规定，以寻衅滋事罪定罪处罚。

编造虚假信息，或者明知是编造的虚假信息，在信息网络上散布，或者组织、指使人员在信息网络上散布，起哄闹事，造成公共秩序严重混乱的，依照刑法第二百九十三条第一款第四项的规定，以寻衅滋事罪定罪处罚。

8. 侦办利用信息网络实施的强迫交易、敲诈勒索等非法敛财类案件，确因被害人人数众多等客观条件的限制，无法逐一收集被害人陈述的，可以结合已收集的被害人陈述，以及经查证属实的银行账户交易记录、第三方支付结算账户交易记录、通话记录、电子数据等证据，综合认定被害人人数以及涉案资

金数额等。

三、准确认定利用信息网络实施犯罪的黑恶势力

9. 利用信息网络实施违法犯罪活动，符合刑法、《指导意见》以及最高人民法院、最高人民检察院、公安部、司法部《关于办理恶势力刑事案件若干问题的意见》等规定的恶势力、恶势力犯罪集团、黑社会性质组织特征和认定标准的，应当依法认定为恶势力、恶势力犯罪集团、黑社会性质组织。

认定利用信息网络实施违法犯罪活动的黑社会性质组织时，应当依照刑法第二百九十四条第五款规定的"四个特征"进行综合审查判断，分析"四个特征"相互间的内在联系，根据在网络空间和现实社会中实施违法犯罪活动对公民人身、财产、民主权利和经济、社会生活秩序所造成的危害，准确评价，依法予以认定。

10. 认定利用信息网络实施违法犯罪的黑恶势力组织特征，要从违法犯罪的起因、目的，以及组织、策划、指挥、参与人员是否相对固定，组织形成后是否持续进行犯罪活动、是否有明确的职责分工、行为规范、利益分配机制等方面综合判断。利用信息网络实施违法犯罪的黑恶势力组织成员之间一般通过即时通讯工具、通讯群组、电子邮件、网盘等信息网络方式联络，对部分组织成员通过信息网络方式联络实施黑恶势力违法犯罪活动，即使相互未见面、彼此不熟识，不影响对组织特征的认定。

11. 利用信息网络有组织地通过实施违法犯罪活动或者其他手段获取一定数量的经济利益，用于违法犯罪活动或者支持该组织生存、发展的，应当认定为符合刑法第二百九十四条第五款第二项规定的黑社会性质组织经济特征。

12. 通过线上线下相结合的方式，有组织地多次利用信息网络实施违法犯罪活动，侵犯不特定多人的人身权利、民主权利、财产权利，破坏经济秩序、社会秩序的，应当认定为符合刑法第二百九十四条第五款第三项规定的黑社会性质组织行为特征。单纯通过线上方式实施的违法犯罪活动，且不具有为非作恶、欺压残害群众特征的，一般不应作为黑社会性质组织行为特征的认定依据。

13. 对利用信息网络实施黑恶势力犯罪非法控制和影响的"一定区域或者行业"，应当结合危害行为发生地或者危害行业的相对集中程度，以及犯罪嫌疑人、被告人在网络空间和现实社会中的控制和影响程度综合判断。虽然危害

行为发生地、危害的行业比较分散，但涉案犯罪组织利用信息网络多次实施强迫交易、寻衅滋事、敲诈勒索等违法犯罪活动，在网络空间和现实社会造成重大影响，严重破坏经济、社会生活秩序的，应当认定为“在一定区域或者行业内，形成非法控制或者重大影响”。

四、利用信息网络实施黑恶势力犯罪案件管辖

14. 利用信息网络实施的黑恶势力犯罪案件管辖依照《关于办理黑社会性质组织犯罪案件若干问题的规定》和《关于办理网络犯罪案件适用刑事诉讼程序若干问题的意见》的有关规定确定，坚持以犯罪地管辖为主、被告人居住地管辖为辅的原则。

15. 公安机关可以依法对利用信息网络实施的黑恶势力犯罪相关案件并案侦查或者指定下级公安机关管辖，并案侦查或者由上级公安机关指定管辖的公安机关应当全面调查收集能够证明黑恶势力犯罪事实的证据，各涉案地公安机关应当积极配合。并案侦查或者由上级公安机关指定管辖的案件，需要提请批准逮捕、移送审查起诉、提起公诉的，由立案侦查的公安机关所在地的人民检察院、人民法院受理。

16. 人民检察院对于公安机关提请批准逮捕、移送审查起诉的利用信息网络实施的黑恶势力犯罪案件，人民法院对于已进入审判程序的利用信息网络实施的黑恶势力犯罪案件，被告人及其辩护人提出的管辖异议成立，或者办案单位发现没有管辖权的，受案人民检察院、人民法院经审查，可以依法报请与有管辖权的人民检察院、人民法院共同的上级人民检察院、人民法院指定管辖，不再自行移交。对于在审查批准逮捕阶段，上级检察机关已经指定管辖的案件，审查起诉工作由同一人民检察院受理。人民检察院、人民法院认为应当分案起诉、审理的，可以依法分案处理。

17. 公安机关指定下级公安机关办理利用信息网络实施的黑恶势力犯罪案件的，应当同时抄送同级人民检察院、人民法院。人民检察院认为需要依法指定审判管辖的，应当协商同级人民法院办理指定管辖有关事宜。

18. 本意见自2019年10月21日起施行。

最高人民法院　最高人民检察院　公安部　司法部

关于跨省异地执行刑罚的黑恶势力罪犯坦白检举构成自首立功若干问题的意见

（2019年10月21日）

各省、自治区、直辖市高级人民法院、人民检察院、公安厅（局）、司法厅（局），新疆维吾尔自治区高级人民法院生产建设兵团分院、新疆生产建设兵团人民检察院、公安局、司法局、监狱管理局：

为认真贯彻落实中央开展扫黑除恶专项斗争的部署要求，根据刑法、刑事诉讼法和有关司法解释、规范性文件的规定，现对办理跨省异地执行刑罚的黑恶势力罪犯坦白交代本人犯罪和检举揭发他人犯罪案件提出如下意见：

一、总体工作要求

1. 人民法院、人民检察院、公安机关、监狱要充分认识黑恶势力犯罪的严重社会危害，在办理案件中加强沟通协调，促使黑恶势力罪犯坦白交代本人犯罪和检举揭发他人犯罪，进一步巩固和扩大扫黑除恶专项斗争成果。

2. 人民法院、人民检察院、公安机关、监狱在办理跨省异地执行刑罚的黑恶势力罪犯坦白、检举构成自首、立功案件中，应当贯彻宽严相济刑事政策，充分发挥职能作用，坚持依法办案，快办快结，保持密切配合，形成合力，实现政治效果、法律效果和社会效果的统一。

二、排查和移送案件线索

3. 监狱应当依法从严管理跨省异地执行刑罚的黑恶势力罪犯，积极开展黑恶势力犯罪线索排查，加大政策宣讲力度，教育引导罪犯坦白交代司法机关还未掌握的本人其他犯罪行为，鼓励罪犯检举揭发他人犯罪行为。

4. 跨省异地执行刑罚的黑恶势力罪犯检举揭发他人犯罪行为、提供重要线索，或者协助司法机关抓捕其他犯罪嫌疑人的，各部门在办案中应当采取必要措施，保护罪犯及其近亲属人身和财产安全。

5. 跨省异地执行刑罚的黑恶势力罪犯坦白、检举的，监狱应当就基本犯罪事实、涉案人员和作案时间、地点等情况对罪犯进行询问，形成书面材料后报省级监狱管理机关。省级监狱管理机关根据案件性质移送原办案侦查机关所在地省级公安机关、人民检察院或者其他省级主管部门。

6. 原办案侦查机关所在地省级公安机关、人民检察院收到监狱管理机关移送的案件线索材料后，应当进行初步审查。经审查认为属于公安机关或者人民检察院管辖的，应当按照有关管辖的规定处理。经审查认为不属于公安机关或者人民检察院管辖的，应当及时退回移送的省级监狱管理机关，并书面说明理由。

三、办理案件程序

7. 办案侦查机关收到罪犯坦白、检举案件线索或者材料后，应当及时进行核实。依法不予立案的，应当说明理由，并将不予立案通知书送达罪犯服刑监狱。依法决定立案的，应当在立案后十日内，将立案情况书面告知罪犯服刑监狱。依法决定撤销案件的，应当将案件撤销情况书面告知罪犯服刑监狱。

8. 人民检察院审查起诉跨省异地执行刑罚的黑恶势力罪犯坦白、检举案件，依法决定不起诉的，应当在作出不起诉决定后十日内将有关情况书面告知罪犯服刑监狱。

9. 人民法院审理跨省异地执行刑罚的黑恶势力罪犯坦白案件，可以依法适用简易程序、速裁程序。有条件的地区，可以通过远程视频方式开庭审理。判决生效后十日内，人民法院应当向办案侦查机关和罪犯服刑监狱发出裁判文书。

10. 跨省异地执行刑罚的黑恶势力罪犯在服刑期间，检举揭发他人犯罪、提供重要线索，或者协助司法机关抓捕其他犯罪嫌疑人的，办案侦查机关应当在人民法院判决生效后十日内根据人民法院判决对罪犯是否构成立功或重大立功提出书面意见，与案件相关材料一并送交监狱。

11. 跨省异地执行刑罚的黑恶势力罪犯在原审判决生效前，检举揭发他人犯罪活动、提供重要线索，或者协助司法机关抓捕其他犯罪嫌疑人的，在原审判决生效后才被查证属实的，参照本意见第10条情形办理。

12. 跨省异地执行刑罚的黑恶势力罪犯检举揭发他人犯罪，构成立功或者重大立功的，监狱依法向人民法院提请减刑。对于检举他人犯罪行为基本属实，但未构成立功或者重大立功的，监狱可以根据有关规定给予日常考核奖励或者物质奖励。

13. 公安机关、人民检察院、人民法院认为需要提审跨省异地执行刑罚的黑恶势力罪犯的，提审人员应当持工作证等有效证件和县级以上公安机关、人民检察院、人民法院出具的介绍信等证明材料到罪犯服刑监狱进行提审。

14. 公安机关、人民检察院、人民法院认为需要将异地执行刑罚的黑恶势力罪犯跨省解回侦查、起诉、审判的，办案地省级公安机关、人民检察院、人民法院应当先将解回公函及相关材料送监狱所在地省级公安机关、人民检察院、人民法院审核。经审核确认无误的，监狱所在地省级公安机关、人民检察院、人民法院应当出具确认公函，与解回公函及材料一并转送监狱所在地省级监狱管理机关审批。监狱所在地省级监狱管理机关应当在收到上述材料后三日内作出是否批准的书面决定。批准将罪犯解回侦查、起诉、审判的，办案地公安机关、人民检察院、人民法院应当派员到监狱办理罪犯离监手续。案件办理结束后，除将罪犯依法执行死刑外，应当将罪犯押解回原服刑监狱继续服刑。

15. 本意见所称"办案侦查机关"，是指依法对案件行使侦查权的公安机关、人民检察院。

扫黑除恶四个法律政策文件牵头起草单位相关负责人答记者问

2019年10月21日，全国扫黑办召开新闻发布会，发布国家监委与最高人民法院、最高人民检察院、公安部、司法部联合印发的《关于在扫黑除恶专项斗争中分工负责、互相配合、互相制约严惩公职人员涉黑涉恶违法犯罪问题的通知》、“两高两部”联合印发的《关于办理非法放贷刑事案件若干问题的意见》《关于办理利用信息网络实施黑恶势力犯罪刑事案件若干问题的意见》《关于跨省异地执行刑罚的黑恶势力罪犯坦白检举构成自首立功若干问题的意见》四个法律政策文件。

四个法律政策文件牵头起草单位的相关负责人就文件的有关内容回答了记者提问。

严惩公职人员涉黑涉恶违法犯罪

记者：请问中央纪委常委国家监委委员、全国扫黑办副主任崔鹏，扫黑除恶专项斗争已经开展近2年时间，在今天这样一个时机出台严惩公职人员涉黑涉恶违法犯罪问题的通知，主要考虑有哪些？

崔鹏：专项斗争开展以来，在党中央的坚强领导下，各级纪检监察机关与政法机关凝心聚力、合力攻坚，严肃查处涉黑涉恶违法犯罪背后的腐败和“保护伞”问题，取得了比较明显的阶段性成效。当前，专项斗争已进入爬坡攻坚的新阶段，形势更加复杂，任务更加艰巨，要时刻警惕“一篙松劲退千寻”的风险。此时出台《通知》，主要基于3点考虑：

一是坚持边打边建，将过去的实践经验提升为常态化制度。专项斗争开展以来，各部门在“打伞破网”工作实践中探索创新，积累了许多行之有效的经验做法，如案件线索排查移送、逐案筛查、循线深挖、重大疑难复杂案件研判分析等，将其上升为制度成果并加以细化，同时进一步明确线索处置和办理原则，有利于更好地形成工作合力。

二是坚持问题导向，立足解决当前工作中的瓶颈和短板。根据平时工作中了解的情况，目前各部门在协作配合上还存在一些问题，如线索研判处置不及时、案件查办协同性不够、部分罪名的管辖权存在交叉等，导致有的没有查深查透，有的查办进度缓慢，有的定性处置精确性不强，影响了案件查办质量和“打伞破网”效果，需要对此进行规范指导。

三是坚持实事求是，明确今后“打伞破网”的工作方向。“打伞破网”是下一步专项斗争的主攻方向。为打赢这场攻坚仗，必须既明确查办重点，实施精准有效打击，又要坚持以事实为依据，以法律为准绳，综合考虑多种因素，准确认定问题性质。《通知》既提出了查办质量方面的要求，又明确了需深挖彻查的7类重点案件，为今后工作指明了重点方向。

下一步，各相关部门要严格按照《通知》要求抓好落实，突出打击重点，加大打击力度，形成打击合力，在"打伞破网"工作上实现新的更大突破。

领导又包庇涉黑组织的从重处罚

记者：请问最高人民检察院副部级专职委员、二级大检察官张志杰，公职人员涉黑涉恶的犯罪行为构成何罪、如何处理，在严惩公职人员涉黑涉恶违法犯罪问题的通知里有哪些具体规定？

张志杰：根据我们前一段扫黑除恶的司法实践和调研中总结的重点司法适用问题，对公职人员涉黑涉恶犯罪行为可能触犯的法律问题进行了如下规定，主要是两个方面：

一是对于国家机关工作人员这一特殊主体，规定了包庇、纵容黑社会性质组织罪，并对同时构成其他犯罪的、非国家机关工作人员与国家机关工作人员相勾结的情形如何处理进行了规范。《通知》第6条规定：国家机关工作人员包庇黑社会性质组织，或者纵容黑社会性质组织进行违法犯罪活动的，以包庇、纵容黑社会性质组织罪定罪处罚。

国家机关工作人员既组织、领导、参加黑社会性质组织，又对该组织进行包庇、纵容的，应当以组织、领导、参加黑社会性质组织罪从重处罚。

国家机关工作人员包庇、纵容黑社会性质组织，该包庇、纵容行为同时还构成包庇罪、伪证罪、妨害作证罪、徇私枉法罪、滥用职权罪、帮助犯罪分子逃避处罚罪、徇私舞弊不移交刑事案件罪、徇私舞弊减刑、假释、暂予监外执行罪等其他犯罪的，应当择一重罪处罚。

《通知》第7条规定：非国家机关工作人员与国家机关工作人员共同包庇、纵容黑社会性质组织，且不属于该组织成员的，以包庇、纵容黑社会性质组织罪的共犯论处。如该行为同时还构成其他犯罪，应当择一重罪处罚。

二是规定国家机关工作人员如果利用职务便利实施非职务犯罪行为的，应酌情从重处罚；事先有通谋而实施支持帮助、包庇纵容等保护行为的，以具体犯罪的共犯论处。《通知》第8条规定：公职人员利用职权或职务便利实施包庇、纵容黑恶势力、作伪证、妨害作证、帮助毁灭、伪造证据、窝藏、包庇等犯罪行为的，应酌情从重处罚。事先有通谋而实施支持帮助、包庇纵容等保护行为的，以具体犯罪的共犯论处。

严格界定限制非法放贷入罪条件

记者：请问最高人民法院副院长、全国扫黑办副主任姜伟，今天出台的《关于办理非法放贷刑事案件若干问题的意见》将部分违反国家规定，未经批准经常性向社会不特定对象发放贷款的行为作为犯罪处理，这是否会影响正常的民间借贷活动，是否会加剧民营中小微企业融资难问题？

姜伟：我们在起草《意见》时对这个问题进行了慎重研究。

首先必须明确的是，非法放贷与民间借贷是两种性质截然不同的行为，《意见》的出台不会影响正常民间借贷活动。民间借贷是平等民事主体之间的经济互助行为，服务社会融资需求，对于促进经济发展起到有益作用，正常的民间借贷行为受到法律保护；而非法放贷行为已经脱离了民间借贷所具有的个体的、偶然的、互助式的存在模式，具备了借款对象不特定性、出借行为反复性和借款目的营利性特征，在客观上已经成为了一种非法金融业务活动，对国家金融安全和社会稳定都造成严重危害，必须依法惩处。

其次，打击非法高利放贷是为了保护合法的民间借贷关系，防止非法高利放贷行为冲击正常的民间借贷和企业融资行为。对于民营企业来说，高利借贷无异于饮鸩止渴，是民营企业的"绞索"而非"救星"。出台《意见》打击非法高利放贷有利于保护合法的民间借贷行为、有利于维护正常市场环境、有利于保障民营经济健康发展。

最后，为区别民间借贷和非法放贷的界限，在起草《意见》时对非法放贷行为及其入罪条件进行了严格界定和限制。例如，明确规定非法放贷行为必须"以营利为目的""2 年内向不特定多人以借款或其他名义出借资金 10 次以上"，并且要达到"情节严重"的程度才能以非法经营罪追究刑事责任，这样可以有效避免打击面扩大，确保正常的民间借贷活动不受影响。

积极开辟扫黑除恶“第二战场”

记者：请问司法部副部长刘志强，什么样的黑恶势力罪犯需要跨省异地执行刑罚？目前，监狱在押黑恶势力罪犯坦白、检举案件线索情况如何？

刘志强：根据有关规定，罪犯原则上在判决地所属省级行政区域内的监狱执行刑罚，但对于被判处十年以上有期徒刑、无期徒刑以及被判处死刑缓期二年执行减为有期徒刑、无期徒刑的黑社会性质组织的组织者、领导者一律实行跨省（区、市）执行刑罚；对于被判处十年以下有期徒刑的黑社会性质组织的组织者、领导者，以及黑社会性质组织的积极参加者，也可以跨省（区、市）执行刑罚。

扫黑除恶专项斗争以来，全国监狱系统认真贯彻落实习近平总书记重要指示批示精神和党中央决策部署，聚焦职责定位，发挥职能作用，以收押、管理、改造、深挖为工作重点，积极开辟扫黑除恶“第二战场”，全力推进扫黑除恶专项斗争向纵深发展。截至目前，共摸排黑恶势力犯罪及保护伞线索3.5万余条，其中已查证属实1400余条。

下一步，我们将继续聚焦深挖彻查，采取有力措施，努力获取一批隐藏深、危害大、影响坏的犯罪线索，以“第二战场”丰硕战果，为维护国家安全和社会稳定，保障人民安居乐业做出应有的更大贡献。

仅线上犯罪一般不作为黑恶势力

记者：请问公安部副部长、全国扫黑办副主任杜航伟，《关于办理利用信息网络实施黑恶势力犯罪刑事案件若干问题的意见》是如何界定黑恶势力违法犯罪向互联网蔓延的具体表现形式的？

杜航伟：运用法治思维与法治方式是开展扫黑除恶专项斗争的重要方针。《意见》将利用信息网络实施的黑恶势力犯罪定位于传统黑恶势力犯罪向信息网络领域的延伸，严格依据刑法及有关司法解释、规范性文件的规定，对利用信息网络实施的黑恶势力犯罪表现形式作出了界定：

首先，《意见》第4条对通过线上方式实施黑恶势力犯罪的主要手段作了总结概括，明确规定“对通过发布、删除负面或虚假信息，发送侮辱性信息、图片，以及利用信息、电话骚扰等方式，威胁、要挟、恐吓、滋扰他人，实施黑恶势力违法犯罪的，应当准确认定，依法严惩"。

需要强调的一点是，一般认为，完全通过线上方式实施的违法犯罪，或者主要环节通过线上方式实施的违法犯罪与传统黑恶势力违法犯罪在行为方式、危害后果等方面存在较明显区别，仅有线上违法犯罪活动、危害仅及于网络空间，无法满足黑恶势力"欺压残害群众"等特征。为避免将完全通过线上方式实施违法犯罪的犯罪组织认定为黑恶势力，《意见》严格把握罪刑法定原则的要求，从正反两方面明确了利用信息网络实施违法犯罪的黑恶势力行为特征：一是《意见》第12条第一款从正面，将利用信息网络实施犯罪的黑恶势力行为特征限定为"通过线上线下相结合的方式""有组织地""多次"利用信息网络实施违法犯罪，排除了完全或者主要通过线上方式实施违法犯罪构成黑恶势力的可能。二是《意见》第12条第二款从反面明确作出了禁止性的规定，即"单纯通过线上方式实施的违法犯罪活动，且不具有为非作恶、欺压残害群众特征的，一般不应作为黑社会性质组织行为特征的认定依据。"

其次，《意见》第5、6、7条对利用信息网络实施的强迫交易罪、寻衅滋事罪、敲诈勒索罪的认定要点作了明确规定。《意见》上述规定均有明确的刑法条文和司法解释依据，并且结合黑恶势力犯罪的特点，将其纳入黑恶势力犯罪的范畴。

[地方法院扫黑除恶典型案例]

重庆市高级人民法院发布扫黑除恶典型案例

（2019年5月16日）

1. 被告人成果等组织、领导、参加黑社会性质组织案

2015年9月，被告人成果、黄吉远、王兴涛三人共谋，先后组建“演员”厅子、“魅影”厅子带陪酒妹，向重庆市渝北区双龙湖街道及回兴工业园区的KTV等娱乐场所提供有偿陪侍服务。成果、黄吉远、王兵等人先后纠集、吸纳被告人唐海钟、李月、洪杰、杨秀峰、郭鹏等二十余人，以及一批刑满释放人员、社会闲散人员、失学失业人员，逐步形成以成果为组织、领导者，黄吉远、王兴涛、唐海钟为积极参加者，李月、洪杰、曹怀栋、曹怀良、郭鹏、费东、杨秀峰、杨松、陈光旭、王兵等人为一般参加者的黑社会性质组织。

为实施犯罪活动，成果、黄吉远、王兴涛购置了大批长砍刀、钢管、金属甩棍、胶棒、“辣椒水”、气枪等工具，存放于部分组织成员共同居住的租赁房内及汽车内。成果组建了“不是一家人，不进一家门”微信群，黄吉远组建了“有难同当”微信群，群成员均为组织成员，利用微信群发布聚会娱乐、斗殴、为他人助势等信息。成果等人制定了组织纪律，规定组织成员不得吸毒、不得内讧、不得吃里爬外、未经领导者同意不得在外斗殴、要听领导者安排。领导者或层级较高的组织成员对违反组织纪律的成员进行公开责骂、棒打臀部甚至开除出组织等惩罚。

该组织通过向娱乐场所提供有偿陪侍服务、开设赌场、贩卖毒品或接受请托为他人助势等违法犯罪活动，非法聚敛钱财达2170000元。成果等人使用该

经费租赁房屋为组织成员提供食宿，为组织成员发放生活费用，召集组织成员聚会、娱乐，安排部分组织成员到渝北区观音洞水库工作，为在违法犯罪活动中受伤的组织成员支付医疗费，资助被司法机关追究责任的组织成员藏匿，为被司法机关抓获的组织成员上账，赔付被害人经济损失及供成果等人日常消费，以此笼络组织成员，维系组织的生存、发展和壮大。

2015 年 9 月以来，被告人成果等人因向娱乐场所提供有偿陪侍服务、个人纠纷以及介入他人纠纷，在重庆市渝北区双龙湖街道、回兴工业园区、中央公园、江北国际机场等地有组织地实施聚众斗殴、故意杀人、故意伤害、寻衅滋事犯罪，造成 1 人死亡、1 人重伤、3 人轻伤、5 人轻微伤，并有组织地实施开设赌场、贩卖毒品、为他人助势等违法犯罪活动。其中在中央公园、江北国际机场的聚众斗殴中，成果等人携带了数把砍刀、一支气枪，斗殴对方也携带砍刀、钢管、汽油燃烧瓶、自制镰刀，双方采取持刀砍击、开枪射击、投掷汽油燃烧瓶及驾车撞人、碾压拖行等手段，实施大规模斗殴。该组织的违法犯罪行为对当地社区居民、经营者形成心理强制，严重破坏了当地经济、社会生活秩序。

重庆市第一中级人民法院以组织、领导、参加黑社会性质组织罪、故意杀人罪、聚众斗殴罪、故意伤害罪、寻衅滋事罪、贩卖毒品罪、开设赌场罪等罪名，对被告人成果、黄吉远判处死缓，并限制减刑，其余被告人被判处十七年至二年三个月不等的有期徒刑。对成果并处没收个人全部财产，对黄吉远等十三名被告人并处五万至三十万不等的罚金。并对该黑社会性质组织的违法犯罪所得 2170000 元予以追缴。

2. 被告人唐均伟等恶势力团伙案

2015 年底至 2017 年 2 月，被告人唐均伟、李逢情纠集被告人陈杨、杨长龙、肖中刚、龙强、骆强、蒋宏、杨功文、龙云、杨杰、于文杰、张义志等人，在重庆市大足区实施故意伤害、聚众斗殴、开设赌场、寻衅滋事等违法犯罪活动，在该地区造成较为恶劣的社会影响，逐渐形成以唐均伟、李逢情为首的恶势力团伙。唐均伟、李逢情等人通过为赌场工作人员发工资、年底聚餐发红包、垫付医疗费用、召集聚会和娱乐消费、提供砍刀、钢管等作案工具等手段，不断发展壮大恶势力团伙势力。为便于联络，肖中刚为唐均伟等人办理了手机短号。该恶势力团伙还建立了微信群，在微信群内发布赌场排班情况，发消息邀约群成员安排打架斗殴、打砸经营场所等各类违法犯罪活动。在发生违法犯罪案件后安排成员躲避。唐均伟、李逢情还多次要求团伙成员要互相帮忙，壮大声势。

唐均伟、李逢情等恶势力团伙在大足区人民医院、龙岗街道、棠香街道等地，实施了1次持械聚众斗殴，致二人轻伤；5次故意伤害，致一人死亡、四人轻伤；打砸他人赌场、在酒吧随意殴打保安及群众、在公共场所起哄闹事等4次寻衅滋事，致一人轻伤、八人轻微伤。该团伙还在大足区高坪镇、中敖镇、龙岗街道等地开设赌场，唐均伟、李逢情非法抽头渔利70余万元。其中实施聚众斗殴犯罪以及对何志彬故意伤害案中，唐均伟等人采取驾车冲撞，持刀追砍、捅刺等方式，致被害人何志彬急性大失血死亡。该团伙严重扰乱社会秩序，在大足地区形成恶劣影响。

重庆市第一中级人民法院以故意伤害罪、寻衅滋事罪、开设赌场罪等罪名，对被告人唐均伟、李逢情、蒋宏等三人，判处无期徒刑，剥夺政治权利终身。其余被告人均被判处十二年六个月至二年不等的有期徒刑。并对唐俊伟、李逢情并处二十万、十万罚金。

3. 被告人蒙贵宾等组织、领导、参加黑社会性质组织案

2017年7月，被告人蒙贵宾纠集王黎等人，后经人介绍接收孟森、陈鹏、李熙平等人一同在赌场放哨，并共同居住在蒙贵宾的租赁房，后陆续吸收黄超、郭松林、曹佳伟、廖伟良、徐春、江泽伟、王黎、蒲艺萌、郑钰凡、胡凯等为组织成员。蒙贵宾将在长寿城区没有住所的成员先后安排在其租赁的房屋内居住，并提供生活费，组织上述成员多次实施违法犯罪活动。在实施违法犯罪活动过程中，该组织迅速纠集较多组织成员参与或到场造势。蒙贵宾为组织成员准备了大量作案刀具、口罩、手套，集中统一存放保管，并形成了不吸毒、不惹事、不怕事、打架要打赢、组织成员之间要团结、不能闹矛盾等组织纪律，逐渐形成以蒙贵宾为组织、领导者，廖伟良、李熙平、孟森、黄超为积极参加者，徐春、郭松林、王黎、曹佳伟、蒲艺萌、郑钰凡、江泽伟、胡凯等为一般参加者的黑社会性质组织。

该黑社会性质组织先后实施了为赌场放哨、放高利贷、敲诈勒索、插手他

人经济纠纷、充当地下执法队、持械聚众斗殴、持械寻衅滋事、敲诈勒索等暴力违法犯罪活动，从中获取经济利益。蒙贵宾将上述获利用于向参与放哨、放高利贷、聚众造势等案件的成员支付工资，支付组织成员的日常生活费、房租、购买作案工具、娱乐消费，以及为被羁押的成员到看守所上账等，以维持组织的生存和发展。

2017 年 12 月至 2018 年 7 月，该黑社会性质组织在长寿城区及新市街道等地有组织地实施了每次斗殴双方总人数均达 20 人的 3 次大规模持械聚众斗殴；3 次持械寻衅滋事和 1 次敲诈勒索；以暴力、胁迫为基础，采取滋扰恐吓、造势摆场、聚众造势等"软暴力"手段，进入多家赌场放哨、放高利贷，插手他人经济纠纷或充当地下执法队等违法犯罪活动，对该区域形成重大影响，致使该区域的多名受害群众不敢通过正当途径举报、控告该组织，严重破坏该区域经济、社会生活秩序。

重庆市长寿区人民法院以组织、领导、参加黑社会性质组织罪、聚众斗殴罪、寻衅滋事罪、敲诈勒索罪等罪，对蒙贵宾等十一名被告人判处十七年至五年不等有期徒刑，对蒙贵宾并处没收财产十五万元、罚金一万元。

4. 被告人王存志等恶势力犯罪集团套路贷案

2017 年 2 月至 11 月，王存志等人成立聚盛万公司，后来多次变换公司名称及办公地点，以快车服务公司等公司名义对外从事汽车贷款业务。在此期间，王存志等人通过散发广告单以及在互联网微信群、QQ 群上向社会虚假宣传"低利息、放款快、不扣车"，寻找急需资金或贷款资质较差的客户作为犯罪对象，同时以支付贷款金额 5% 的介绍费等优厚条件，吸引社会中介、熟人为其招揽客户。王存志等以开展汽车贷款业务为幌子，在办理车贷业务时，由专门人员负责"谈单"，诱使被害人签订明显不利于自己的汽车质押合同、承诺书等书面材料，并当场转账发放不高于贷款合同金额 50% 的款项，剩余部分由财务人员单方面扣除贷款金额 35% 左右的后期管理费、风险担保金等费用后以现金形式发放，并向被害人口头承诺只要不违约即可在合同履行结束后退还该费用，或者以已经放款履约为由，胁迫被害人同意扣除上述费用。同时，王存志等人以为被害人车辆安装 GPS 的名义，索取车辆备用钥匙，便于后续扣车。

为索取更多财物，王存志等人在合同签订并发放贷款后，随即安排多人到被害人家中"考察"，以扣车相要挟，以被害人资质不够或材料不全为由，采取滋扰、纠缠等方式向被害人随意索要"考察费""协调费""辛苦费""加班费"等钱财。为达到非法占有事先扣除的风险担保金、后期管理费等费用的目的，王存志等人采用不将合同材料交给被害人、不告知被害人还款账号和还款时间、不接听被害人电话等方式故意制造违约陷阱，刻意躲避还款，导致被害人无法按约还款，进而肆意单方认定被害人违约，再以违约、扣车相要挟，迫使被害人全额还款，并按日支付贷款金额10%的违约金。被害人为赎回被扣车辆或避免支付高额违约金，被迫全额还款。若被害人拒绝全额还款，被扣车辆则被强制变卖。

2017年1月至2017年12月期间，王存志等人纠结在一起，以开展汽车贷款业务为幌子，多次进行"套路贷"敲诈勒索，共计敲诈了107名被害人，涉案金额4312257元，逐渐形成了以王存志等人为首的恶势力犯罪集团。

重庆市渝北区人民法院以敲诈勒索罪，判处被告人王存志、景建林等二十一名被告人十四年至一年九个月不等有期徒刑，并处一百万至二万不等的罚金。

5. 被告人彭军等组织、领导、参加黑社会性质组织案

2016年上半年，被告人彭军、杨正文、秦国光共谋成立万兴公司从事追债活动。被告人彭军占公司股份40%，被告人杨正文、秦国光各占公司股份30%。公司设法务部、外勤部、人事部、后勤部等。彭军为总经理，管理公司全部事务，包括招揽业务、公司运营、资金支配、策划、指挥、组织追债等。杨正文、秦国光为副总经理，主要负责安排、实施追债等。被告人刘朝忠为法务部部长，主要负责收集债务人信息、寻找债务人等。被告人邹庆为外勤部部长，负责在被告人彭军、杨正文、秦国光的安排下，管理、安排其他外勤人员或者直接参与追债。公司通过网络，先后招募大批身材高大、强壮的年轻男子，制定了严密的组织纪律和行政管理、岗位职责、考勤、财务、奖惩等规章制度，要求下级绝对服从上级的安排和调动。彭军要求外勤人员尊称其为"师傅"。无业务时，公司搞训练、站军姿，统一住宿、着装、短发等。逐渐形成了以被告人彭军为组织、领导者，秦国光、杨正文、刘朝忠、邹庆为积极

参加者，王磊、刘嘉俊、杨德彪、陈虹宇、王威、陈利均、来显锐、沈兴羿、何春雷、伍春杰、周杨、王长平等人为其他参加者的黑社会性质组织。

该组织通过发放宣传材料、开设网页及口头宣扬等方式宣传追债业务。为实施追债活动，该组织购买了车辆、GPS跟踪器、甩棍等工具，通过签订虚假的债权转让协议、债权清收委托代理合同等方式造成合法债权的假象，通过非法手段获取公民个人信息，并找到债务人，由被告人彭军、杨正文、秦国光带领邹庆、王磊等外勤人员，统一着装、统一行动，利用人数和体能优势，采取强行将债务人带至指定地点要求还债。如不能还债或不能达成还债协议，上述人员将债务人限制在宾馆、茶楼、家中等地，并看守、跟随债务人，或者到债务人公司进行纠缠、哄闹、辱骂，或者以债务人家人的人身安全相威胁强行索债，在追债过程中还实施强行处置债务人的财物、敲诈勒索"辛苦费"等行为。该组织先后采取非法拘禁、寻衅滋事等方式暴力索债三十余次，并获得高额的前期代理费用与后期代理佣金。该组织有偿为他人拆迁提供安保服务，以暴力或以暴力相威胁，插手经济纠纷和拆迁纠纷，充当"地下执法队"，攫取暴利，通过上述违法犯罪手段获取经济利益698万余元。该组织多次实施违法犯罪活动，获取利益，在重庆市两江新区、渝北区、江北区等地具有较大影响，严重影响他人正常生产、工作、生活，严重破坏经济秩序和社会秩序。

重庆市渝北区人民法院以组织、领导黑社会性质组织罪、寻衅滋事罪、非法拘禁罪、强迫交易罪、敲诈勒索罪等罪，判处被告人彭军有期徒刑十六年，处没收个人全部财产。对其余被告人以参加黑社会性质组织罪、寻衅滋事罪、非法拘禁罪、强迫交易罪、敲诈勒索罪等罪，判处十一年至一年七个月不等的有期徒刑，并处二十万八千元至五千不等的罚金。

6. 被告人陈陶等恶势力犯罪集团案

2017年9月至2018年3月期间，被告人陈陶与何垒纠集莫晓静、刘鑫等八人，在重庆市沙坪坝区以未经工商注册的"众鑫贷款公司"名义，共同实施"套路贷"违法犯罪活动。

该犯罪集团以非法占有为目的，假借民间借贷之名，与被害人签订虚高借款合同，以强立债权、虚增债务等方式，肆意认定违约并进行催债。在催债的过程中，陈陶等人非法拘禁、敲诈勒索被害人，采取威胁、滋扰、纠缠、哄闹、聚众造势等"软暴力"手段，向被害人索要虚高借款，使被害人产生恐惧、恐慌进而形成心理强制，逐渐形成了以陈陶、何垒为首要分子，莫晓静、刘鑫为重要成员，其余六人为组织成员的"套路贷"恶势力犯罪集团。

该犯罪集团人员固定，分工明确，通过制造虚高借款、制造虚假资金走账流水、单方造成违约以及"甩单平账"等，并恶意讨债等一系列手段，对被害人实施诈骗、非法拘禁、敲诈勒索等犯罪。其间，陈陶与一名被害人签订金额2万元的借款合同。在向被害人全额转账后，陈陶当场以收取手续费为借口，哄骗被害人取现1万元返还。几日后，陈陶拿出签订合同及转账2万元的录像和照片为证据，要求被害人按照2万元的金额还款付息。被害人无法偿还时则采取各种方式进行威胁，强迫被害人签订新的虚高借款合同。通过不断重复上述行为，陈陶等人将最初的2万元债务虚增至18万元，并对被害人通过电话"轰炸"、上门威胁、人身伤害、非法拘禁等方式，以索债之名行勒索之实，使被害人陷于极大的精神压力和人身威胁恐惧之中。至案发，该犯罪集团共计诈骗被害人199417元、敲诈勒索被害人共计13000元，非法拘禁被害人七次。

重庆市沙坪坝区人民法院以诈骗罪、敲诈勒索罪、非法拘禁罪等罪，判处被告人陈陶有期徒刑十年，并处罚金七万元；判处其余被告人九年至一年八个月不等的有期徒刑，并处六万至一万不等的罚金。

7. 被告人徐飞等组织领导黑社会性质组织案

2016年10月起，被告人徐飞伙同周利华，先后纠集罗玉波、程袁祥、曹杰等十余人，通过暴力、威胁等手段在江津城区、油溪镇、吴滩镇、德感街道等地有组织地进行开设赌场、敲诈勒索、寻衅滋事、聚众斗殴、故意伤害等违法犯罪活动，逐渐形成了以被告人徐飞、周利华为组织者、领导者，程袁祥、罗玉波、曹杰为积极参加者，黄宇、戴佳雨、赵宇航等人为一般参加者的黑社会性质组织。程袁祥建立名称为"黑家军"的QQ群对部分组织成员进行管理。该组织规定"打砸赌场时不能伤人和抢钱、小弟要听大哥招呼、打架要一起上不要怂"等纪律，对违反纪律者实施开除。

该组织通过开设赌场、对赌场股东进行敲诈勒索、寻衅滋事等犯罪行为，非法控制江津城区、油溪镇等地的违法赌博活动，从中获利20余万元，并将部分收益用于组织开支。为了该组织的管理和发展壮大，被告人徐飞于2017年7月为大部分组织成员出资打造了钢管刀20余把，购买迷彩服10余件用于统一服装，安排部分组织成员在宾馆住宿便于统一行动，为组织成员提供交通工具，在作案前后给予经济奖励。被告人周利华协调关系并指使组织成员参与违法犯罪活动。被告人徐飞、周利华还给组织成员提供经济帮助和日常消费资金，巩固其组织、领导者的地位。为扩大本组织影响、打压其他组织，徐飞、周利华组织、领导程袁祥、罗玉波、曹杰等人实施2次开设赌场犯罪，并持砍刀、钢管、关公刀、棒球棒等作案工具，实施了5次敲诈勒索犯罪、5次寻衅滋事犯罪、3次聚众斗殴犯罪、3次故意伤害犯罪、7次一般违法行为等违法犯罪活动，并到江津区个别学校招募在校学生参加，严重破坏了当地社会秩序，威胁人民群众的人身、财产安全，造成了恶劣的社会影响。

重庆市江津区人民法院以组织、领导黑社会性质组织罪、开设赌场罪、敲诈勒索罪、聚众斗殴罪、寻衅滋事罪、故意伤害罪等罪，判处被告人徐飞有期徒刑二十年，剥夺政治权利一年，并处没收财产人民币伍万元、罚金拾贰万伍仟元，判处被告人周利华有期徒刑十七年，剥夺政治权利一年，并处没收财产四万元、罚金九万八千元。以参加黑社会性质组织罪、寻衅滋事罪等罪，判处其余被告人十年六个月至二年六个月不等有期徒刑，对部分被告人并处八千元至五千元罚金。

8. 被告人魏鑫等恶势力犯罪集团案

2016年下半年以来，被告人魏鑫、李成钱纠集彭铁全、袁海、张磊、向均、肖吉海、周成雨、陈政宇、周勉礼、彭赶生、王国俊、陈摇、祁家林、曾磊、王海庄、周玮灿等人，通过聚众斗殴、故意伤害、寻衅滋事等方式，有组织地多次共同实施违法犯罪活动，逐渐形成了以魏鑫、李成钱为首，彭铁全、袁海、张磊、向均等人积极参与的恶势力犯罪集团。

为了扩大势力、方便管理、树立名声后获取经济利益，魏鑫、李成钱恶势力犯罪集团通过储备砍刀、为部分成员租房集中住宿等方式，有组织地多次实施聚众斗殴、寻衅滋事等违法犯罪活动，以及实施冲击工地阻挠施工、帮人站场等“软暴力”违法行为，树立社会影响，社会上称魏鑫、李成钱团伙为“大兴社”。

2017年6月至12月，魏鑫、李成钱等人，携带砍刀、棍棒等工具，在开州区汉丰街道、郭家镇实施聚众斗殴2次，致四人轻微伤；持匕首、砖头在文峰街道实施故意伤害他人1次，致一人重伤，两人轻微伤；持匕首、砍刀在开州区“九加网咖”、文峰街道实施随意殴打他人两次，致1人轻伤、1人轻微伤。魏鑫、李成钱恶势力犯罪集团为非作恶，欺压百姓，严重扰乱当地的社会生活秩序，造成较为恶劣的社会影响。

重庆市开州区人民法院以聚众斗殴罪、故意伤害罪、寻衅滋事罪等罪，判处被告人魏鑫有期徒刑十年二个月；判处其余被告人有期徒刑十年至二年二个月不等的有期徒刑，对其中两名被告人并处四千元、五千元的罚金。

9. 被告人邓强等人组织、领导、参加黑社会性质组织案

2010年以来，在被告人邓强实际控制下，展亮公司、卡乐公司、胜丰公司、君睿达公司、强帮公司和万拓公司开展货箱制造、货车销售和挂靠运输等业务。经营过程中，部分挂靠车主出现拖欠费用现象，邓强委托他人从车主处收车，索要拖欠费用。2015年年底，邓强伙同钟贵艮，成立依附于公司的“职业收车队”，专门为公司收车。2016年以来，邓强公司开始通过低首付的手段吸引车主购车挂靠，同时在合同中设立对车主极为不利的条款，通过挪用或不交保险费等方式制造条件让车主违约，再根据定位分组“追回”车辆，最后另行变卖或勒索，逐渐形成了“签订陷阱合同－放任或制造条件让车主违约－收车－变卖或勒索”的固定模式。

为完成上述犯罪行为，邓强以高额提成诱使钟贵艮等人拉拢其他人员，形成较为固定的“收车组”；以高额提成诱使销售人员熊伟等人积极销售“回收车辆”；以报销医药费、给予“慰问”和“补偿”等方式，鼓励凌世荣等人对上门的维权车主大打出手。犯罪过程中，逐渐形成以邓强为首，钟贵艮、凌世荣为骨干成员，刘斌、蒋波等为其他积极参加者，周德平、张阳等为一般参加者的黑社会性质组织。

以邓强为首的犯罪组织及其成员利用组织势力和影响，多次有组织地实施寻衅滋事、敲诈勒索、聚众斗殴等违法犯罪活动，为非作恶，欺压、残害群众。邓强在强制收车过程中长期备有甩棍、电棒等工具，多采取安排人员直接将车开走，或利用人多势众采取拖、拉、拽等暴力手段强行将车开走等方式。

收车成功后，邓强利用组织势力和影响，与车主进行所谓的谈判、协商，在形成心理强制或威慑的情况下，迫使车主在缴纳所欠费用外，还需缴纳高额的收车费、保证金、违约金等费用，对不配合的车主直接采取恐吓、威胁等暴力手段对车主进行驱赶。

邓强为首的犯罪组织通过实施一系列违法犯罪活动，严重破坏了车主正常的生产经营秩序，造成经济损失数百万元，在与邓强公司具有车辆挂靠关系的1700余辆货车车主这一群体中具有重大影响，同时也对重庆市巴南区渝南汽车交易市场的正常经营秩序造成较大破坏。

重庆市巴南区人民法院以组织、领导黑社会性质组织罪、寻衅滋事罪、敲诈勒索罪、聚众斗殴罪、合同诈骗罪、骗取贷款罪等罪，判处邓强有期徒刑二十五年；以参加黑社会性质组织罪、寻衅滋事罪、敲诈勒索罪、聚众斗殴罪、合同诈骗罪、骗取贷款罪等罪，判处钟贵艮等21名被告人二十年至一年不等的有期徒刑。并对邓强等被告人并处没收个人财产一百万元，并处罚金五百二十万元；对钟贵艮及其余部分被告人并处三百一十万元至十万不等的罚金。

10. 被告人陈祥瑞等恶势力犯罪集团案

被告人陈祥瑞、文杰、余航、刘波、刘菁柱、叶鹏、刘俊楠等人于2014年、2015年相互结识，后经常在一起上网、骑摩托车或打架斗殴等。2017年以来，被告人陈祥瑞等人在重庆市巴南区、北部新区、渝中区、沙坪坝区等多地实施盗窃，盗窃所得大部分由陈祥瑞支配，供众人日常生活、玩乐开支或用于购买打架所用工具，少部分由陈祥瑞分给团伙成员，逐渐形成了以陈祥瑞为首要分子的犯罪集团。

2017年4月15日，陈祥瑞纠集集团成员在渝中区日月光广场持械随意殴打他人，打架视频在网络上曝光后，因陈祥瑞等多人身穿红色卫衣，社会人员遂称陈祥瑞等人为“红衣帮”。2017年以来，“红衣帮”成员在渝中区较场口日月光广场、巴南区民主新村皮草城、江北区鎏嘉码头等地，携带砍刀、棍棒等作案工具，多次实施寻衅滋事、聚众斗殴等犯罪活动，致一人重伤、四人轻伤以及多人轻微伤。该组织严重扰乱社会生活秩序，造成恶劣的社会影响。

重庆市巴南区人民法院以故意伤害罪、寻衅滋事罪、聚众斗殴罪、盗窃罪等罪名，判处陈祥瑞、刘菁柱等7名被告人判处有期徒刑七年至四年不等的有期徒刑，对刘菁柱并处罚金一万二千元。

广东省高级人民法院发布扫黑除恶典型案例

（2019 年 5 月 9 日）

案例一

陈志伟等 16 人组织、领导黑社会性质组织、故意伤害、开设赌场等案

——操纵、经营"黄赌毒"等违法犯罪活动的黑恶势力

【基本案情】

自 2002 年起，陈志伟在广州市原芳村区经营迪士高酒城、夜总会、游戏机室、网吧、餐厅期间，拉拢朱军、陈志明等人，在其经营的场所内纵容毒品贩卖、游戏机赌博，牟取非法利益，并逐渐建立了以其为领导者的黑社会性质组织。期间有组织地实施了盗窃、故意伤害、寻衅滋事、开设赌场、敲诈勒索、容留他人吸毒、行贿、非法拘禁、高利转贷、窝藏、妨害作证、故意销毁会计凭证等一系违法犯罪活动，长期为所欲为，为非作歹，称霸一方，在广州市荔湾区芳村区域形成了非法控制和重大影响，严重破坏了当地正常的公共秩序、经济秩序、生产秩序和生活秩序，社会影响极其恶劣。

【裁判结果】

本案由广州市中级人民法院一审，广东省高级人民法院二审。法院认为以陈志伟为首的黑社会性质组织故意伤害他人身体，致一人死亡、一人重伤、多人轻伤；开设赌场，情节严重；敲诈勒索他人财物，数额巨大；多次寻衅滋

事，严重破坏社会秩序；以转贷牟利为目的，套取金融机构信贷资金高利转贷给他人，违法所得数额巨大；指使他人作伪证，情节严重；容留他人吸食毒品；盗窃国家财物，数额特别巨大；明知是犯罪的人而为其提供隐藏处所、财物，帮助其逃匿，情节严重；故意销毁依法应当保存的会计凭证，情节严重；为谋取不正当利益，给予国家工作人员以财物；并在其组织黑社会性质组织之前，非法剥夺他人人身自由，殴打被非法拘禁人员，应当从重处罚；法院以组织、领导黑社会性质组织罪、故意伤害罪、开设赌场罪、敲诈勒索罪、寻衅滋事罪、高利转贷罪、妨害作证罪、容留他人吸毒罪、非法拘禁罪、盗窃罪、窝藏罪、故意销毁会计凭证罪、行贿罪，数罪并罚判处陈志伟死刑，缓期二年执行，剥夺政治权利终身，并处没收财产人民币 1000 万元，罚金人民币 1820 万元；其他被告人判处十五年至六年有期徒刑不等，并处罚金。

【典型意义】

操纵、经营"黄赌毒"等违法犯罪活动的黑恶势力是国家扫黑除恶专项斗争重点打击的对象。黄赌毒是经济社会健康发展的毒瘤，是人民群众深恶痛绝的顽疾，操纵、经营黄赌毒也是黑恶势力获取巨额利润的主要途径，对该类黑恶势力打击有利于斩断黑恶势力的利益链、净化社会风气、维护社会治安和谐稳定，人民法院依法判处陈志伟死刑，缓期二年执行，体现了对操纵、经营黄赌毒违法犯罪的黑恶势力从严惩处力度。

案例二

何厅等人组织、领导黑社会性质组织案

——在交通运输行业，欺行霸市、强买强卖的"行霸"

【基本案情】

2015 年 10 月至 2016 年 7 月期间，被告人何厅、何煌、何新、何敏、何波等人通过直接承租或转租的方式，陆续向雷州市丽达出租车有限公司承租 18 辆合法出租车，运营雷州市至湛江市赤坎区、麻章区的客运线路。期间，因争抢客源，多次与其他运营的出租车司机发生冲突。2016 年 9 月起，何厅等人

成立联合运营车队，为控制出租车客运路线，以恐吓、堵塞、放轮胎气、滋扰、哄闹、聚众造势或持凶器殴打等手段大肆实施强迫交易、扰乱社会秩序等违法行为，恐吓出租车司机26人次，造成出租车司机3人受伤。2016年11月15日9时许，被告人何厅、何敏、何煌组织人员扰乱雷州市丽达出租车有限公司，导致该公司停止办公两天，造成恶劣社会影响。

【裁判结果】

本案由湛江市雷州市人民法院一审，湛江市中级人民法院二审。法院认为，何厅组织、领导黑社会性质组织，以暴力、恐吓、威胁的手段多次强迫他人退出出租车运营活动，殴打他人，严重侵犯了出租车司机及出租车公司的人身权利、财产权利，其行为已构成组织、领导黑社会性质组织罪、强迫交易罪、聚众扰乱社会秩序罪。依法判处何厅有期徒刑十年，并处没收财产。其余被告人以参加黑社会性质组织罪、强迫交易罪、聚众扰乱社会秩序罪被判处五年至四年有期徒刑，并处罚金。

【典型意义】

在商贸集市、批发市场、车站码头、旅游景区等场所欺行霸市、强买强卖、收保护费的行霸、市霸等黑恶势力是国家扫黑除恶专项斗争重点打击的对象。严厉打击收取“保护费”、欺行霸市、强买强卖等严重侵害民营企业财产权利的犯罪行为，依法保护民营经济的发展，增强民营企业经营者的安全感和投资信心，为企业健康发展创造一个良好的法治营商环境是人民法院的职责之一。本案中人民法院对何厅等严重危害出租车公司正常运营活动以及出租车司机的人身和财产安全的涉黑组织判处刑罚，是将扫黑除恶专项斗争和保护民营经济发展有机结合起来，充分履行审判职能的体现。

案例三

李建军参加黑社会性质组织、聚众冲击国家机关、妨害公务、聚众斗殴案

——在拆迁、工程项目建设等过程中煽动闹事的黑恶势力

【基本案情】

1996 年开始，李建军加入以陈毅锋（已判刑）为首的黑社会性质组织。该组织以“冠丰华集团公司”为名，以成立的深圳市冠丰华贸易有限公司和深圳市义嘉易实业有限公司为依托，有组织地进行寻衅滋事、非法经营、故意伤害、妨害公务、聚众斗殴、聚众冲击国家机关、包庇犯罪分子等违法犯罪活动，为非作恶，欺压群众，称霸一方。1998 年 9 月中旬，罗湖区综合治理办公室组织公安、城管、国土局等部门组成联合执法组前去拆除冠丰华在梅园路搭建的违法建筑。当天，陈毅锋组织了李建军等 7 名冠丰华骨干，带领一百多名冠丰华保安持消防斧、铁管、灭火器，并且出钱临时招募大批外部人员共计二三百人，以暴力威胁联合执法组，致使强制拆除工作被迫中止。1998 年 10 月 7 日，按照陈毅锋安排，李建军等 200 多名冠丰华人员着便服聚集于罗湖区政府，推坏区政府大门后，冲入区政府大院，堵塞交通、推搡安保人员、制造混乱致使罗湖区政府无法正常工作。在迫使区政府同意延期三个月拆除小商品市场后，才将冠丰华人员撤离；由冠丰华给每个到场人员奖励人民币 100 元。2001 年 3 月陈毅锋派李建军等五十多名冠丰华持铁管、消防斧，分三次与立新花园保安进行斗殴，致多人受伤。

【裁判结果】

本案由深圳市罗湖区法院一审，深圳市中级人民法院二审。法院认为，李建军积极参加黑社会性质组织，其行为构成参加黑社会性质组织罪；李建军参加黑社会性质组织期间又参与以暴力方法阻碍国家机关工作人员依法执行职务、聚众冲击政府机关、在公众场所大规模聚众斗殴的犯罪行为，其行为构成妨害公务罪、聚众冲击国家机关罪、聚众斗殴罪。李建军犯数罪，依法应数罪

并罚。李建军归案后如实供述自己的罪行，是坦白，可以从轻处罚。李建军认罪态度较好，可以从轻处罚。法院依法作出判决：李建军犯参加黑社会性质组织罪、聚众冲击国家机关罪、妨害公务罪、聚众斗殴罪，数罪并罚判处有期徒刑六年，并处罚金人民币五千元。

【典型意义】

在征地、租地、拆迁、工程项目建设等过程中煽动闹事的黑恶势力是国家扫黑除恶专项斗争重点打击的对象。黑恶势力为谋取不法利益或形成非法影响，有组织地采用滋扰、哄闹、聚众造势等手段扰乱国家机关正常的工作秩序，给政府施压，迫使政府机关答应其不合理诉求，严重损害了国家机关正常的办公秩序，造成恶劣的社会影响。人民法院对李建军判处刑罚，体现了对该类黑恶势力犯罪的打击力度。

案例四

曾高受贿案

——黑恶势力的"保护伞"

【基本案情】

2010 年 4 月至 2013 年 10 月，曾高在先后担任惠州市公安局刑事警察支队二大队（黑社会犯罪侦查大队）大队长、缉毒支队支队长期间，利用职务上的便利，收受黑社会性质犯罪团伙案件犯罪嫌疑人张奋强（已判刑）的妻子包小利及其朋友郑东给予的现金人民币 85 万元、港币 10 万元，曾高收受贿赂后，多次与包小利、郑东商谈案情，并在案件侦查期间违规安排二人与张奋强会面。伙同李伟明（另案处理）收受黑社会性质犯罪团伙案件犯罪嫌疑人吴新明（已判刑）通过其朋友欧国文给予的人民币 140 万元，故意放松对吴新民的抓捕，致使其长期逍遥法外；收受毒品犯罪嫌疑人何锦荣（已判刑）的妻子何春枚给予的现金人民币 50 万元，并向其透露案情。曾高单独或伙同李伟明收受他人贿款共计人民币 275 万元、港币 10 万元，其个人分得人民币 235 万元、港币 10 万元，案发后，曾高的亲属退回赃款人民币 235 万元、港币 10

万元。

【裁判结果】

本案由惠州市中级人民法院一审，广东省高级人民法院二审。法院认为，曾高身为国家机关工作人员，利用职务上的便利，非法收受他人财物，数额巨大，为他人谋取不正当利益，其行为已构成受贿罪。曾高身为公安机关的领导干部，利用职务之便，收受黑社会性质组织犯罪嫌疑人和毒品犯罪嫌疑人家属数额巨大的财物，承诺为其谋取不正当利益，酌情从重处罚；曾高归案后能如实供述自己的罪行，认罪悔罪，积极退赃，依法可从轻处罚；曾高在被羁押期间，还接受公安机关的安排，积极配合公安机关对涉嫌重大毒品犯罪嫌疑人的审讯工作，其行为虽不构成立功，但应酌情从轻处罚。法院依法作出判决：曾高犯受贿罪，判处有期徒刑八年，并处罚金人民币八十万元；曾高退回的赃款人民币2434344.4元予以没收，由扣押机关上缴国库。

【典型意义】

“保护伞”是黑恶势力得以长期存在并发展壮大的重要因素。习近平总书记强调，要把扫黑除恶同反腐败结合起来，既抓涉黑组织，也抓后面的“保护伞”。人民法院对曾高判处刑罚，对充当黑恶势力的腐败分子形成有力震慑，彰显了人民法院坚决捍卫群众利益、坚决铲除“毒瘤”的鲜明态度。

案例五

陈锦锐等九人寻衅滋事、妨害公务案

——利用宗族势力横行乡里、暴力抗法的黑恶势力

【基本案情】

2016年清明节期间，被告人陈锦锐、陈宜土、陈宜培和陈德宗（另案处理）等人发现庄某、庄某森等人重新修建的祖坟在其位于陈氏宗族祖坟前面后，以影响其宗族祖坟“风水”为由，强行要求庄某、庄某森等人将新修建的祖坟迁走，后经村委等部门调解，双方没有达成协议。2016年9月18日，

被告人陈锦锐、陈宜土等人经商量后，纠集其他宗族人员，强行将庄某、庄某森等人新修建的祖坟用挖土机挖土等方式毁坏。2017 年 7 月至 10 月 30 日期间，为重修宗族祖坟，被告人陈锦锐等纠集宗族人员，无视遮浪街道工作人员多次劝阻，将只有 2 个旧墓穴的祖坟强行重修扩建成 7 个墓穴的祖坟，非法占用生态公益林地共约 1 亩。同年 10 月 30 日晚上，被告人陈锦锐纠集陈宜如、陈宜镇等多名宗族人员，携带 26 支木棍，沙铲、锄头各 10 支左右及墓碑等物品，准备强行在重修扩建的宗族祖坟施工"进金"。街道工作人员为了阻止陈氏宗族继续施工"进金"，依法将该祖坟施工现场的木棍、沙铲、锄头及墓碑等物品收缴上该街道执法车辆；准备离开时，陈锦锐纠集族人围住街道工作人员及执法车辆，并现场煽动陈氏族人将被收缴的木棍、沙铲、锄头及墓碑等物品抢回来，并辱骂、威胁、拉扯工作人员，阻碍工作人员依法执行职务，并致使遮浪街道东尾村党支部副书记庄某成被殴打致体表挫伤。

【裁判结果】

本案由汕尾市城区人民法院一审，汕尾市中级人民法院二审。法院认为被告人陈锦锐等无视国法，破坏社会秩序，任意损毁他人财物，情节严重，其行为均已构成寻衅滋事罪，应依法惩处；被告人陈锦锐等九人伙同他人以暴力、威胁方法阻碍国家机关工作人员依法执行职务，其行为均已构成妨害公务罪，应依法惩处，其中被告人陈锦锐犯数罪，依法予以数罪并罚。判决被告人陈锦锐有期徒刑二年一个月。其他 8 名被告人分别判处一年至十一个月有期徒刑不等。

【典型意义】

利用家族、宗族势力横行乡里、称霸一方、欺压百姓"村霸"等黑恶势力是国家扫黑除恶专项斗争重点打击的对象。中央 2018 年 1 号文件，强调要深入开展扫黑除恶专项斗争，严厉打击农村黑恶势力、宗族恶势力。农村黑恶势力、宗族恶势力，直接影响农民的正常生产、生活秩序，威胁农村基层政权的稳定。本案中陈锦锐等依仗宗族势力，强行毁坏他人祖坟，暴力抗法，横行乡里，人民法院依法判处陈锦锐等人刑罚，彰显了严厉打击农村黑恶势力、宗族恶势力的决心。

案例六

黄泽彬等五人寻衅滋事案

——非法高利放贷、暴力讨债的黑恶势力

【基本案情】

2017年10月份，被告人黄泽彬、农展钊开始合作从事高利息贷款生意，被告人农展钊负责找客户和出资金，被告人黄泽彬负责发放和追讨贷款。2018年1月份，被害人张某楠向被告人农展钊贷款5000元，被告人农展钊扣除佣金及手续费后转给被害人张某楠3000元，并约定张某楠每天需要付还200元，支付50天。被害人张某楠支付了6天后就没有还款，被告人农展钊就指使被告人黄泽彬向被害人张某楠催讨欠款。被告人黄泽彬遂雇佣被告人陈鹏辉、陈基汉、陈财群多次上门采用喷红油字、破坏门锁等滋扰方式向被害人张某楠追讨欠款。2017年11月份开始，被告人黄泽彬个人发放高利息贷款给谢某，至2018年1月21日，被告人黄泽彬共贷款给被害人谢某共20000元。因被害人谢某贷款到期没有归还，被告人黄泽彬追讨未果，遂雇佣被告人陈鹏辉、陈基汉、陈财群多次上门采用喷红油字、破坏门锁等滋扰方式向被害人谢某追讨欠款。2018年1月18日，被告人农展钊个人发放高利息贷款给郑某5000元。因被害人郑某贷款到期没有归还，被告人农展钊追讨未果，遂雇佣被告人陈鹏辉上门采用喷红油字、破坏门锁等滋扰方式向被害人郑某追讨欠款。致被害人及家人的精神受到严重恐吓，在当地造成恶劣的影响。

【裁判结果】

本案由汕头市金平区人民法院一审，汕头市中级人民法院二审。法院认为，被告人黄泽彬、农展钊为索取非法债务，纠集同案被告人多次恐吓他人，破坏社会秩序，情节恶劣，其行为妨害社会管理秩序，已构成寻衅滋事罪，依法应予惩处。在共同犯罪中，被告人黄泽彬、农展钊指使他人实施犯罪行为，是主犯，应当按照其所参与的全部犯罪处罚；被告人陈鹏辉、陈基汉、陈财群受指使，积极实施犯罪行为，也是主犯，但所起作用稍次，可以酌情从轻处罚。法院分别判决黄泽彬、农展钊有期徒刑一年，其他被告人拘役五到六个月

不等。

【典型意义】

非法高利放贷、暴力讨债的黑恶势力是国家扫黑除恶专项斗争重点打击的对象。近年来，黑恶势力采取非法高利放贷，通过“喷漆、堵门锁、骚扰家属、跟踪、恐吓”等“软暴力”上门催债的方式，导致催债乱象频现，由此引发的恶性事件屡件不鲜，给被害人及家属造成严重的精神负担，在当地造成恶劣的影响。人民法院对黄泽彬等非法高利放贷，暴力讨债的行为判处刑罚，彰显了人民法院亮剑黑恶势力，严打“软暴力”讨债行为的决心。

案例七

杨建芳等22人组织、领导黑社会性质组织、故意伤害、寻衅滋事、聚众斗殴、非法拘禁、强迫交易、破坏生产经营、容留让人吸毒、受贿案

——插手民间纠纷、充当“地下执法队”的黑恶势力

【基本案情】

自2008年3月初开始，被告人杨建芳先后纠合张六（已判刑）及被告人李杨、杨尚武、胡勇等以河南籍为主的社会闲散人员，凭借杨建芳作为佛山市公安局禅城分局干警在河南籍老乡中的影响力，承接各大娱乐场所和工地的看场业务，并充当打手；收受钱财，插手民间纠纷，使用暴力、威胁等手段帮他人讨债、解决纠纷，充当“地下执法队”，不断扩大势力。上述人员逐渐形成了以被告人杨建芳为组织、领导者，以被告人张月佟等人为积极参加者，以被告人李相军等人为一般参加者的黑社会性质组织“河南帮”。该组织在佛山市禅城区、南海区桂城一带有组织地实施寻衅滋事、故意伤害、强迫交易、非法拘禁、破坏生产经营等违法犯罪活动，非法敛财，欺压、残害群众，为非作恶，对佛山市禅城区、南海区的工程建设、娱乐场所、专业批发市场等造成恶劣影响，严重破坏了该区域和行业的经济、社会生活秩序。

【裁判结果】

本案由佛山市中级人民法院一审，广东省高级人民法院二审。法院认为，被告人杨建芳无视国家法律，为非法获取经济利益，纠集"河南籍"为主的被告人张月佟、杨尚武、胡勇、李杨等人，以暴力、威胁等手段，通过有组织地多次进行违法犯罪活动，非法控制一定区域的特定行业，称霸一方，为非作恶，欺压、残害群众，严重破坏经济、社会生活秩序，已形成具有黑社会性质的组织，被告人杨建芳是该组织的组织者、领导者，应当对该组织所犯的全部罪行承担责任。依法判处被告人杨建芳无期徒刑，剥夺政治权利终身，并处没收个人财产人民币1000万元、罚金人民币100万元。其他被告人判处十七年至一年九个月有期徒刑不等，并处罚金。

【典型意义】

插手民间纠纷，充当"地下执法队"的黑恶势力是国家扫黑除恶专项斗争重点打击的对象。黑恶势力插手民间纠纷，充当"地下执法队"是国家扫黑除恶专项斗争重点打击的黑恶势力违法犯罪行为，该类黑恶势力也是法院扫黑除恶专项斗争重点打击对象。本案中以杨建芳为首黑恶势力集团，拿人钱财，替人消灾，多次以暴力、威胁手段插手民间纠纷，充当"地下执法队"，严重破坏当地经济、社会生活秩序，人民法院依法对杨建芳等人判处刑罚，体现了对该类黑恶势力的严惩力度。

案例八

蔡桂秋等13名敲诈勒索、诈骗案

——在高速公路上专业"碰瓷"的黑恶势力

【基本案情】

2017年2月至9月间，蔡桂秋等13名被告人，通过自由组合3到5人一伙，租赁高档轿车，开上省内外的高速公路，在超车道慢速行驶寻找目标车辆。趁目标车辆从其右侧超车时，按照事先分工，一人使用弹弓将橄榄核射击目标车辆制造“碰撞”响声，之后驾车追赶目标车辆截停路边。一人趁对方车主不注意，用砂纸刮花其车辆，制造出“碰撞”痕迹，再以撞坏后视镜为由，团团围住受害人强制阻止其报警、报险或用言语恐吓、威胁，迫使被害人支付现金或微信转账，作案高达56起，受害人57人。

【裁判结果】

本案由江门市恩平市人民法院审理。法院认为，蔡桂秋等13名被告人，无视国家法律和公共安全，以非法占有为目的，经常纠集一起组成相对固定的团伙，在广东、广西两省的高速公路上人为制造虚假交通事故，然后又虚构恶势力背景给群众造成恐慌心理，或采取阻止报警、限制离开等其他威胁手段欺压群众，从而迫使受害人交出财物，该团伙行为构成敲诈勒索及诈骗罪。依法判处蔡桂秋五年有期徒刑，并处罚金二万元，其他被告人分别判处四年四个月至一年六个月有期徒刑不等，并处罚金。

【典型意义】

近年来，“碰瓷”现象屡屡出现，社会影响极坏，一些黑恶势力瞄准“碰瓷”这一非法勾当，聚集一起，分工明确，在公路甚至高速路上制造虚假交通事故，趁机敲诈被害人，获取非法利益，严重危害了正常的交通秩序，造成恶劣的社会影响。人民法院对该类“碰瓷”行为判处刑罚，是不断推进扫黑除恶专项斗争向纵深发展的体现。

江西省高级人民法院公布扫黑除恶十起典型案例

（2019年4月28日）

一、徐文俊等25人犯组织、领导、参加黑社会性质组织，故意杀人、故意伤害、聚众斗殴等罪二审案

2004年上半年，被告人徐文俊因不满分配，便停薪留职开始混迹于社会，并纠集同伙开设赌场抽头盈利，逐渐形成了以徐文俊为首的恶势力团伙。2005年底，徐文俊投靠了丰城市的“大罗汉”任华安（已另案判刑）并通过开设赌场、放高利贷、看赌场等方式获取非法利益。2008年6月徐文俊正式脱离任华安，自己做“老大”，将徐可等人发展为组织成员，逐渐形成以徐文俊为首的人数众多，骨干成员稳定，组织严密，层级分明的黑社会性质组织，并依托组织力量，使用暴力、胁迫手段进行强赌、勒赌、入股地下赌场等，攫取巨额非法经济利益，并用于维系组织的生存、发展、壮大。该组织为争夺势力范围，称霸一方，有组织地实施故意杀人、故意伤害、聚众斗殴、寻衅滋事、赌博、开设赌场、强迫交易、非法持有枪支、故意毁坏财物、帮助毁灭证据、窝藏、容留他人吸毒等犯罪行为31起，违法行为20起，致1人死亡、3人重伤、8人轻伤、10人轻微伤，损毁财物价值5.4万余元，并插手管桩行业，在当地管桩行业造成了恶劣的社会影响，严重破坏了该区域的经济、社会和生活秩序。

江西省宜春市中级人民法院以组织、领导黑社会性质组织罪，故意杀人罪，故意伤害罪，聚众斗殴罪，寻衅滋事罪，赌博罪，开设赌场罪，强迫交易

罪，非法拘禁罪，非法持有枪支罪，故意毁坏财物罪，窝藏罪，容留他人吸毒罪，数罪并罚，判处被告人徐文俊死刑，剥夺政治权利终身，并处没收个人全部财产。对其他24人分别判处死刑缓期二年执行并限制减刑、无期徒刑至有期徒刑三年，并处剥夺政治权利、没收财产及罚金等。一审宣判后，徐文俊等部分被告人不服，提出上诉。江西省高级人民法院于2019年3月22日公开宣判，二审裁定驳回上诉，维持原判，并依法将徐文俊死刑裁定报最高人民法院核准。

以徐文俊为首的犯罪组织系典型的黑社会性质组织，"四个特征"明显。该组织除了利用黑社会性质组织惯用的持刀枪等手段作案外，还采取蒙面手段作案，与其他犯罪组织相互配合作案，给被害人及其当地民众造成极大恐慌。该案的公开宣判，有力打击了黑恶势力的嚣张气焰，切实增强了当地群众的安全感。

二、欧阳文明等15人犯组织、领导、参加黑社会性质组织，故意伤害、聚众斗殴、寻衅滋事等罪二审案

自2009年至2015年年底，通过多年的发展、演变，以被告人欧阳文明为组织者，以刘九根为领导者的黑社会性质组织逐渐形成。该组织成员固定，层级分明，结构严密。该组织通过聚众斗殴、寻衅滋事、故意伤害、开设赌场、敲诈勒索等一系列犯罪活动，奠定了在高安市新街镇及陶瓷基地一带的强势地位，控制了当地的地下赌场，并大肆开设赌场且意图垄断樟树市混凝土市场，同时控制了陶瓷基地喻家一带的地下按摩室，攫取了较大的经济利益。所获取的利益用以维持该组织的生存、发展、壮大及支持该组织的违法犯罪活动。该组织依托手中的枪支，多次在公开场合有组织地实施犯罪活动35起，其中涉枪案件12起，造成轻伤9人，轻微伤13人，损毁车辆8辆，砸毁店面数10家，为非作恶，称霸一方。

江西省高安市人民法院基于以上事实，以组织、领导黑社会性质组织罪、故意伤害罪、聚众斗殴罪、寻衅滋事罪、敲诈勒索罪、非法拘禁罪、开设赌场罪、故意毁坏财物罪，掩饰、隐瞒犯罪所得罪，数罪并罚，分别判处欧阳文明等15人十五年至二年六个月不等的有期徒刑，并处没收财产和罚金刑。宣判后，欧阳文明等被告人向江西省宜春市中级人民法院上诉。宜春中院经审理，

于2018年2月5日作出判决，对6名被告人依法改判，对9名被告人维持原判。

本案是自中央部署扫黑除恶专项斗争开展以来，在中央政法委、最高人民法院统一部署下，公开宣判的全省扫黑第一案。该组织横跨时间长达近十年，成员较多，组织层级分明，黑社会性质组织"四个特征"明显，对高安市新街镇、陶瓷基地及樟树市一带的群众生产、生活及经营形成了心理强制和威慑，造成了极其恶劣的社会影响，严重危害了当地的生产、生活及治安秩序。该案的查处，有力保障了当地的公众安全，维护了社会正常经济秩序。

三、蔡良宾等20人犯组织、领导、参加黑社会性质组织，故意伤害、聚众斗殴、寻衅滋事等罪二审案

20世纪90年代，被告人蔡良宾初中毕业后，争强好胜，混迹于广昌。被劳动教养后，蔡良宾开始网罗、笼络同乡、当地游手好闲及"两劳"释放人员，至2000年左右，逐渐形成以其为首的黑社会性质组织，长期盘踞广昌县，称霸一方，号称"菜刀帮"。该组织层级明晰，结构稳定，等级森严。蔡良宾通过发放工资、提供吃住等笼络人心，维系组织成员，以辱骂、恐吓等暴力、威胁手段控制组织人员，采用暴力等方式进行惩戒，致使该组织内的人员不敢轻易离开。蔡良宾为非法获取经济利益，聚集组织成员，多次有组织地实施聚众斗殴、寻衅滋事、故意伤害、敲诈勒索、非法拘禁、强迫交易、虚开发票、妨害公务等犯罪行为以及数十起违法行为，非法垄断广昌砂场、石场等行业，并致多人受伤及财产损失，严重破坏了当地的社会秩序和经济秩序，部分受害人畏惧于该组织的淫威，不敢报案，被迫离开广昌。以蔡良宾为首的黑社会性质组织通过垄断砂场及其他非法活动，非法获利达5000余万元，部分以股份、工资、零用钱、吃喝玩乐的方式分发给组织成员，或用于组织成员违法犯罪后的支出，以维系该组织的生存与发展。

抚州市临川区人民法院一审判决认定其中13人构成领导、组织、参加黑社会性质组织罪，主犯蔡良宾犯组织、领导黑社会性质组织罪、聚众斗殴罪等十罪，数罪并罚，判处有期徒刑十七年，并处没收个人全部财产，剥夺政治权利三年。其他十九名被告人分别被判处有期徒刑十二年至一年三个月不等的刑罚。一审宣判后蔡良宾等被告人向抚州市中级人民法院提出上诉。抚州中院二

审认为，原审认定事实清楚，证据确实、充分，定罪准确，审判程序合法，于2018年11月8日公开宣判，依法维持对蔡良宾等16名上诉人、原审被告人的定罪量刑，对其他4名上诉人、原审被告人，因原审未充分考虑到未成年人、从犯等量刑情节，依法予以改判。

蔡良宾等人涉黑案的案发，始于一起妨害公务案。2015年9月22日，广昌县公安局治安大队牵头查处一起赣东路桥头陂搅拌站阻工一案时，蔡良宾进入当地公安局威胁、恐吓公安局局长和案件承办人，并威胁伤害其家人，公然挑衅、干扰公安机关依法办案。蔡良宾组织、领导人数众多、层级明晰、骨干成员基本固定的较稳定的犯罪组织，通过非法垄断广昌砂场、石场等行业，实施一系列违法犯罪行为，攫取巨额非法利益，在一定区域及行业内形成非法控制或者重大影响，严重破坏经济、社会生活秩序。该案的破获和判决，有力打击了黑恶势力的嚣张气焰。

四、范家宏等17人犯组织、领导、参加黑社会性质组织、敲诈勒索、非法拘禁、寻衅滋事等罪二审案

自2012年以来，被告人范家宏以江西汇东担保公司武宁办事处为依托，纠集刑满释放人员、社会闲散人员等，有组织地放贷、追债，并实施了一系列违法犯罪活动，逐步形成较稳定、具有一定规模的黑社会性质组织。该组织成员众多、骨干成员固定、层次分明、分工明确、具有一定的组织纪律。该组织利用违法犯罪活动获取经济利益，具有一定的经济实力，又为该组织生存、活动、发展提供保障。该组织成员根据范家宏指使或经其默许，大肆从事敲诈勒索、非法拘禁、寻衅滋事、挪用资金、职务侵占、暴力讨债、殴打他人、强买强卖等违法犯罪活动；操纵村组选举，安排组织成员担任村小组组长，强行插手村组征地拆迁及其他村组事务，采取犯罪手段非法牟利354.8万元，指使骨干成员挪用资金43万元；安排组织成员进入武宁县职业中等技术学校，肆意插手学校管理事务，侵吞、套取学校资金36.38万元，严重破坏学校教学环境；任意殴打他人，强占他人地下室，强买他人黄檀树，欺压、残害群众，为非作恶，造成群众心理恐慌，在武宁县宋溪镇田塅村、武宁县职业中等技术学校及县城一带地域和武宁县民间借贷行业形成重大影响，严重干扰政府工作，严重破坏经济、社会生活秩序。

江西省武宁县人民法院基于以上事实，以组织、领导黑社会性质组织罪、敲诈勒索罪、非法拘禁罪、寻衅滋事罪、强迫交易罪、挪用资金罪、职务侵占罪、容留他人吸毒罪，数罪并罚判处被告人范家宏有期徒刑二十一年，剥夺政治权利五年，并处没收个人全部财产，罚金人民币六十一万元。对其他组织成员分别判处有期徒刑十年十个月至一年四个月不等刑罚。宣判后，被告人范家宏等 13 人不服，提出上诉。九江市中级人民法院依法于 2019 年 1 月 7 日作出二审裁定，驳回上诉，维持原判。

以范家宏为首的黑社会性质组织，其行为特征中没有一起轻伤以上暴力犯罪，该组织利用组织成员中两人患有艾滋病，通过威胁、恐吓等"软暴力"方式，强立债权、强行索债，插手村组事务，侵占村组集体财产及非法控制武宁职高。该黑社会性质组织长期干扰基层政权，倚仗宗族势力，强行操纵村小组选举，借机插手村小组大小事务，侵吞集体征地补偿款等，致使村民不能通过正常途径维护自身合法利益；阻扰当地镇政府工作，妨害政令畅通，严重影响当地乡村工作正常开展。该组织背后存在"保护伞"。该案审结不久，武宁县公安局禁毒大队原副大队长张平因包庇、纵容该黑社会性质组织，被判处刑罚。

五、张平犯徇私枉法、包庇、纵容黑社会性质组织等罪一审案

被告人张平于 2012 年 12 月起任武宁县公安局禁毒大队副大队长。2013 年张平借款 15 万元在范家宏处按月利率 5% 收取利息，并于 2014 年 1 月收取了一年利息 9 万元。2014 年至 2016 年期间，张平发现其情人（另案处理）、范家宏及其组织成员聚众吸毒，均未履行查禁职责。2017 年，张平在公安机关侦查范家宏及其组织成员涉嫌犯罪期间，两次向范家宏及其组织成员通风报信，其中一次同时纵容范家宏及其组织成员吸毒。2018 年 10 月 18 日，范家宏因犯组织、领导黑社会性质组织罪被武宁县法院判处刑罚。

武宁县人民法院于 2018 年 11 月 23 日审结该案，以被告人张平犯徇私枉法罪，判处有期徒刑三年，犯包庇、纵容黑社会性质组织罪，判处有期徒刑三年，数罪并罚，决定执行有期徒刑四年九个月；被告人张平违法所得 9 万元，予以追缴。一审宣判后，张平服判，判决已发生法律效力。

张平身为国家司法工作人员，徇私情私利，明知他人有犯罪行为而故意包庇使其不受追诉，利用手中权力包庇、纵容黑社会性质组织犯罪行为，其行为已严重触犯刑法，应予以惩处。该案的判处，彰显了人民法院依法严惩黑恶势力"保护伞"的坚定决心，净化了政法干部队伍。

六、蒲亚文等 15 人犯组织、领导传销活动、抢劫、非法拘禁等罪二审案

2015 年 5 月至 2017 年 12 月，以被告人蒲亚文、赵思强为首的恶势力集团，以天津某公司网络营销团队为名，通过非法拘禁、抢劫等暴力手段从事非法传销活动，发展下线购买其传销组织的虚拟化妆品。该恶势力集团成员多次以谈恋爱为名将被害人骗至进贤县的传销窝点，迫使被害人购买每套 2800 元的虚拟化妆品以获得加入传销组织的资格。为防止被害人逃跑、报警，采取威胁、殴打、不间断看守等方式，非法限制被害人人身自由数日至十余日不等，并采取殴打、威胁、搜身等方式先抢走被害人随身携带的手机、银行卡等财物，后逼迫被害人说出银行卡、支付宝等密码，劫掠被害人银行账户内的资金共计人民币 29 万余元，严重侵害了公民的人身自由及财产权利，破坏和谐稳定的社会和经济秩序，造成恶劣影响。

江西省进贤县人民法院基于以上事实，对该恶势力犯罪集团的首要分子蒲亚文、赵思强以组织、领导传销活动罪，抢劫罪，非法拘禁罪，数罪并罚分别判处蒲亚文有期徒刑十九年、剥夺政治权利五年、并处罚金人民币十二万元，判处赵思强有期徒刑十七年、剥夺政治权利四年、并处罚金人民币十二万元。对其他被告人判处一年五个月至十二年不等有期徒刑。宣判后，蒲亚文等 11 人向江西省南昌市中级人民法院上诉。南昌中院于 2019 年 3 月 4 日公开宣判，裁定驳回上诉，维持原判。

近年来，随着国家对非法传销活动打击力度的加大，非法传销违法犯罪活动也呈现出新特点，作案方式愈来愈具有迷惑性、隐蔽性、欺骗性，作案手段朝着暴力性方向发展。"谈恋爱""介绍工作"等更具欺骗、迷惑性的方式取代了以往拉人入伙的方式，且传销手段已基本抛弃以往相对"温和"的一面，变得更为残暴。上述非法传销组织违法犯罪活动的新动向，务必引起高度重视，相关职能部门要加大摸排、查办力度，加强流动人口管理，严惩违法犯罪

行为，做好普法宣传，提升人民群众风险防范意识，切实维护人民群众的合法权益和社会稳定。

七、袁新华等 9 人犯敲诈勒索罪二审案

被告人袁新华等 9 人系赣州市赣县区江口镇龙舌村村民，其中被告人袁新华等 3 人为该村村干部。2017 年 6 月起，被告人袁新华等多次纠集召开会议，共谋向本村河道采砂的砂场企业收取"管理费"。2017 年 10 月初，该团伙共 9 名成员正式成立"龙舌村理事会"，在袁新华幕后组织领导下，多次以"保护河堤安全、砂石资源系龙舌村所有"等为借口，通过语言威胁、驱赶打砸、毁坏财物、剪断缆绳及在河道内设置障碍等方法，阻止"江业砂场"等企业在贡江龙舌村河道内的合法采砂作业，然后根据理事会内部分工，由被告人袁新华假借村委会名义出面协调，迫使砂场企业交纳"管理费"，共非法收取"管理费"72 万余元，损坏财物价值 1.6 万余元。

赣州市赣县区人民法院依据上述事实，以敲诈勒索罪判处被告人袁新华有期徒刑十二年，并处罚金人民币 10 万元；对其他被告人分别判处十年至十年六个月不等有期徒刑，并处罚金，继续追缴被告人违法所得人民币 50 万余元，发还各被害人；随案移送的作案工具，予以没收，上缴国库。该案上诉后，赣州市中级人民法院于 2019 年 3 月 20 日依法裁定，驳回上诉，维持原判。

本案是发生在建筑材料行业，敲诈勒索、暴力收取保护费，破坏企业正常生产经营秩序的"砂霸"类恶势力犯罪集团案件。本案九名被告人以非法占有为目的，为实施共同犯罪而组成较为固定的犯罪组织，首要分子袁新华时任该村村干部，假借村委会名义，通过暴力威胁、故意毁坏财物等方法要挟被害人，强行索取财物，数额特别巨大，其行为严重扰乱经济、社会秩序，造成较为恶劣的社会影响，应依法予以严厉打击。该案的依法查处和从严惩处，有利于稳固基层政权，维护企业正常生产经营秩序。

八、严忠勇等 6 人犯强迫交易罪二审案

严忠勇等 6 名恶势力团伙成员均为江西泰和县塘洲镇塘洲村的村民。6 人独自或合伙陆续购买了四辆大型货车，从 2016 年 10 月至 2017 年 5 月期间，通过言

语威胁、拦车堵路、强迫其他合法经营者退出等方式，强迫位于泰和县唐洲镇的两家建材厂收购其提供的煤矸石、煤粉，接受其提供的运输业务，并强迫该厂接受其提供的不符合该厂要求的煤矸石，产生的交易费用共计110余万元，并现场阻扰民警依法处置，导致其中一家建材厂停产多日，情节特别严重。

江西省泰和县人民法院以强迫交易罪分别判处严忠勇等6名恶势力团伙成员有期徒刑五年至二年不等，并处罚金二十万元至三万元不等。该案上诉后，吉安市中级人民法院于2018年4月27日裁定驳回上诉，维持原判。

该案是发生在农村的典型恶势力案件。6名被告人采用威胁方式横行乡里，强迫农村微小型民营企业与其发生经济交易，产生交易费用数额巨大，并阻扰民警依法处置，严重破坏了农村治安秩序、社会稳定和经济社会发展，尤其是阻碍了农村微小型民营企业的发展。对此类破坏农村经济社会发展的恶势力从严惩处，有利于净化农村社会环境，有利于农村微小型民营经济的健康发展。

九、李伟剑等5人犯敲诈勒索、非法采矿等罪一审案

2014年4月开始，被告人李伟剑纠集同伙，通过暴力、威胁的方式，对景德镇浮梁县湘湖镇陶瓷大学内多家快递配发点多次实施敲诈勒索，收取"保护费"，时间跨度半年之久，共计收取申通、圆通、中通快递店"保护费"共计1.65万元。2017年11月初，李伟剑伙同他人在未办理任何开采许可的情况下，以清理河道为由聘请挖机及货车在湘湖镇北安村溪田组非法开采河沙，并将开采的河沙堆放在北安村空地内。经检测，该沙堆共计5204.1立方米，价值人民币31万余元。

江西省浮梁县人民法院于2019年3月13日公开宣判，认定5名被告人构成恶势力犯罪团伙，依法判处被告人李伟剑犯敲诈勒索罪、非法采矿罪，数罪并罚，决定执行有期徒刑三年六个月，并处罚金3.5万元；其他2名被告人分别被判处有期徒刑二年六个月、一年六个月，并处罚金；另2名被告人被分别判处有期徒刑一年六个月，缓刑二年，有期徒刑一年，缓刑二年，并处罚金。5名被告人当庭表示服判，一审判决已发生法律效力。

李伟剑等人，以暴力、威胁手段在一定区域一定行业内多次实施敲诈勒索违法犯罪活动，收取"保护费"，时间跨度达半年之久，扰乱经济秩序，造成

较为恶劣的社会影响。此外，被告人李伟剑违反国家矿产资源法的规定，擅自在河道内采砂，无视国家法纪。法院在审理过程中，贯彻宽严相济刑事政策，对在犯罪过程中起到次要、辅助作用，有自首、坦白情节的2名被告人，并结合其一贯表现、社区调查评估意见，依法适用缓刑。该案审结后，浮梁法院向相关部门提出要加强监管以及对快递行业人员加强法律培训，提高从业人员法律意识，利用法律武器来保护自身安全。

十、程雨腾等5人犯寻衅滋事罪一审案

被告人程雨腾于2016年10月24日成立上饶市腾鑫咨询服务有限公司，主要从事金额2万元以下的小额高息“零用贷”业务，该业务严格控制借款时间，最长不超过半年，呈现金额小、时间短、利息高的特点。在放贷时除掉“砍头息”，并要求每周结息。自2017年6月开始，程雨腾便纠集同伙、社会闲散人员采取言语威胁、堵钥匙孔、门外“喷漆”，非法拘禁、随意殴打等手段暴力催债，造成1名被害人轻伤二级、1名被害人轻伤一级及1名被害人轻微伤。法院查明程雨腾等人实施了4起违法犯罪活动，其中2起为寻衅滋事犯罪活动。

检察机关指控，该团伙为一个较为固定的犯罪组织，属恶势力犯罪集团。上饶县人民法院于2018年11月13日审结该案，经审理认为程雨腾等人系恶势力团伙，以寻衅滋事罪判处程雨腾等5人二年六个月至一年不等的有期徒刑。宣判后，检察机关未抗诉，各被告人在法定期限内均未提起上诉，一审判决已发生法律效力。

本案是由经营高利贷业务在后续暴力催收欠款过程中而引起的，程雨腾在放贷后实施“软暴力”（在借款人门外喷漆）、“硬暴力”（随意拘禁、殴打他人）等手段进行催收获得非法利益，破坏了公共秩序，属于情节恶劣。但该团伙组织结构较为松散，人员有一定的流动性，存在时间短，前后时间不足6个月，尚不构成恶势力犯罪集团。故上饶县人民法院只认定其为恶势力团伙，并依法作出判决。案件宣判后，该院及时向当地市场监督管理局提出了加强企业监管，规范企业经营范围及行为的司法建议。

山东省高级人民法院发布十起扫黑除恶典型案例

（2018 年 9 月 12 日）

1. 被告人吴学占等 15 人黑社会性质组织犯罪案

【基本情况】

被告人 15 名，分别是吴学占、赵荣荣、李忠、郭树林、郭彦刚、吴风志、吴洪艳、吴风磊、林飞、杜建岗、张博、严建军、程学贺、张书森、么传行。

2010 年 1 月至 2016 年 5 月，被告人吴学占以泰昌公司或泰和公司为依托，为谋取非法利益，组织领导被告人赵荣荣、李忠、郭树林、郭彦刚、吴风磊、林飞、吴洪艳、杜建岗、吴风志，多次实施违法犯罪行为，形成了以被告人吴学占为组织者、领导者，被告人赵荣荣、李忠为积极参加者，被告人郭树林、郭彦刚、吴风志、吴洪艳、吴风磊、林飞、杜建岗为其他参加者的较稳定的犯罪组织。该组织为维护自身利益，有组织地多次进行违法犯罪活动。高利放贷、以暴力或其他非法方法收取贷款本息；为催还高利贷款，非法侵入苏银霞住宅，非法拘禁苏银霞、于欢；为争夺建筑工程，强迫华丰公司、金诚公司出让已中标的建设工程；为非作恶，横行乡里，非法拘禁、强制侮辱王某某，随意殴打焦某某、郎某某；为泄私愤，砸坏刘某奥迪 A6 轿车；以威胁手段，干扰冠县住房和城乡建设局、冠县交通局等机关工作秩序；向银行恶意举报，到银行滋事，干扰银行正常开展信贷业务，干扰、破坏他人正常生活生产秩序，破坏公司、企业、国家机关正常生产经营和工作秩序，在冠县东古城镇区域内造成严重影响。

吴学占黑社会性质组织自 2013 年 12 月至 2016 年 4 月，实施强迫交易犯罪 2 起，故意毁坏财物犯罪 1 起、非法拘禁犯罪 1 起，非法入侵住宅犯罪 1 起，强制侮辱妇女、非法拘禁犯罪 1 起，故意伤害犯罪 2 起，吴学占个人实施故意伤害犯罪 1 起，李忠伙同他人实施强奸犯罪 1 起。

【裁判结果】

被告人吴学占犯组织、领导黑社会性质组织罪，强制侮辱妇女罪，强迫交易罪，故意毁坏财物罪，非法拘禁罪，故意伤害罪，非法侵入住宅罪，数罪并罚，判处有期徒刑二十五年，并处没收个人全部财产；被告人赵荣荣犯参加黑社会性质组织罪、非法侵入住宅罪、非法拘禁罪，数罪并罚，判处有期徒刑十年，并处罚金人民币三十万元；被告人李忠犯参加黑社会性质组织罪、强奸罪、强迫交易罪、非法拘禁罪、非法侵入住宅罪，数罪并罚，判处有期徒刑二十年，并处罚金人民币四十万元；被告人郭树林犯参加黑社会性质组织罪、强制侮辱妇女罪、强迫交易罪、故意毁坏财物罪、非法拘禁罪、非法侵入住宅罪、故意伤害罪，数罪并罚，判处有期徒刑二十年，并处罚金人民币三十五万元；被告人郭彦刚犯参加黑社会性质组织罪、强迫交易罪、故意毁坏财物罪、非法拘禁罪、非法侵入住宅罪，数罪并罚，判处有期徒刑十三年，并处罚金人民币二十五万元；吴风磊犯参加黑社会性质组织罪、强制侮辱妇女罪、强迫交易罪、故意毁坏财物罪、非法拘禁罪、非法侵入住宅罪，数罪并罚，判处有期徒刑十八年，并处罚金人民币二十万元；被告人林飞犯参加黑社会性质组织罪、故意毁坏财物罪、强迫交易罪，数罪并罚，判处有期徒刑八年，并处罚金人民币十六万元；被告人吴洪艳犯参加黑社会性质组织罪、强迫交易罪、故意伤害罪，数罪并罚，判处有期徒刑五年，并处罚金人民币十六万元；被告人杜建岗犯参加黑社会性质组织罪、非法拘禁罪、非法侵入住宅罪，数罪并罚，判处有期徒刑四年，并处罚金人民币六万元；被告人吴风志犯参加黑社会性质组织罪、故意伤害罪，数罪并罚，判处有期徒刑二年八个月，并处罚金人民币六万元；被告人张博犯非法拘禁罪，判处有期徒刑二年二个月；被告人严建军犯非法拘禁罪，判处有期徒刑二年；被告人程学贺犯非法拘禁罪，判处有期徒刑二年；被告人张书森犯非法拘禁罪，判处有期徒刑二年；被告人么传行犯非法拘禁罪，判处有期徒刑二年。

该案经聊城市东昌府区法院一审、聊城中院二审，判决已经生效。

【典型意义】

这是一起有重大影响的黑社会性质组织犯罪案件。以吴学占为首的黑社会性质组织为非作恶，横行乡里，大肆实施高利放贷、强揽工程、强制侮辱妇女、故意伤害、故意毁坏财物、非法侵入他人住宅、非法拘禁、威胁政府部门工作人员、到银行滋事等违法犯罪活动，聚敛巨额经济财富，干扰、破坏他人正常生活生产秩序，破坏公司、企业、国家机关正常生产经营和工作秩序，在冠县东古城镇区域内造成严重影响。

2. 被告人满宇然等 17 人黑社会性质组织犯罪案

【基本情况】

被告人 17 名，分别是满宇然、朱国栋、刘志刚、王文龙、徐振、仇利磊、张严、王阳、周福生、杨士利、姚路恒、李超、张利君、杜传富、巩延利、钟家旭、杨寅。

2012 年 9 月以来，被告人满宇然拉拢刑满释放、社会闲杂人员在其周围，并笼络已成名的王正义（另案处理）、朱国栋、刘志刚等人，以"各拉队伍、抱团发展、相互帮衬"的方式在滕州市迅速形成了以其为首，骨干成员基本固定的黑社会性质组织。2013 年初至 2015 年初，满宇然带领组织部分成员在滕州市开设赌场累计 100 余场次；被告人刘志刚出狱后在被告人满宇然的默许下带领被告人张严等人在滕州市开设赌场 40 余场次。同时该组织多次采用暴力手段或者利用组织强势地位，寻衅滋事，无故采取殴打、刀砍、棍砸等方式，致高某某、孔某等数十人轻伤或轻微伤，并砸坏现代牌伊兰特轿车、捷达牌轿车、途观汽车各一辆。为泄私愤，约战斗殴，驾驶车辆相互追逐，并持枪互相射击，致张某、巩某某等多人轻伤或轻微伤，损毁马自达汽车，沃尔沃轿车、奥迪汽车、三菱牌小型越野客车各一辆，并损毁路灯等公共设施。满宇然为开脱罪责，安排贺开洪、代永刚、马西胜等人向司法机关作伪证。刘志刚以党某某影响其开设赌场为由，向党某某敲诈勒索人民币 8 万元。

满宇然黑社会性质组织自 2009 年 8 月至 2016 年初，实施寻衅滋事犯罪 12 起，聚众斗殴犯罪 5 起，开设赌场犯罪 6 起，妨害作证犯罪 1 起，敲诈勒索犯罪1起。

【裁判结果】

被告人满宇然犯组织、领导黑社会性质组织罪，寻衅滋事罪，聚众斗殴罪，开设赌场罪，妨害作证罪，数罪并罚，判处有期徒刑十六年，并处没收个人全部财产，剥夺政治权利四年；被告人朱国栋犯参加黑社会性质组织罪、犯故意伤害罪、寻衅滋事罪、开设赌场罪，数罪并罚，判处有期徒刑六年，并处罚金人民币十万元；被告人刘志刚犯参加黑社会性质组织罪、寻衅滋事罪、聚众斗殴罪、开设赌场罪、敲诈勒索罪，数罪并罚，判处有期徒刑十五年零六个月，并处罚金人民币三十五万元；被告人王文龙犯参加黑社会性质组织罪、开设赌场罪，数罪并罚，判处有期徒刑四年，并处罚金人民币十一万元；被告人徐振犯参加黑社会性质组织罪、寻衅滋事罪、聚众斗殴罪、开设赌场罪，数罪并罚，判处有期徒刑九年零六个月，并处罚金人民币九万元；被告人仇利磊犯参加黑社会性质组织罪、聚众斗殴罪，数罪并罚，判处有期徒刑八年零六个月，并处罚金人民币四万元；被告人张严犯参加黑社会性质组织罪、故意伤害罪、寻衅滋事罪、聚众斗殴罪，数罪并罚，判处有期徒刑七年，并处罚金人民币五万元；被告人王阳犯参加黑社会性质组织罪、寻衅滋事罪、聚众斗殴罪、开设赌场罪，数罪并罚，判处有期徒刑六年，并处罚金人民币五万元；被告人周福生犯参加黑社会性质组织罪、聚众斗殴罪、开设赌场罪，数罪并罚，判处有期徒刑四年零六个月，并处罚金人民币五万元；被告人杨士利犯参加黑社会性质组织罪、故意伤害罪、开设赌场罪，数罪并罚，判处有期徒刑二年零四个月，并处罚金人民币七万元；被告人姚路恒犯参加黑社会性质组织罪、寻衅滋事罪、聚众斗殴罪，数罪并罚，判处有期徒刑三年零十个月，并处罚金人民币二万元；被告人李超犯参加黑社会性质组织罪、开设赌场罪，数罪并罚，判处有期徒刑二年零三个月，并处罚金人民币六万元；被告人张利君犯参加黑社会性质组织罪、聚众斗殴罪，数罪并罚，判处有期徒刑四年，并处罚金人民币三万元；被告人杜传富犯参加黑社会性质组织罪、寻衅滋事罪、聚众斗殴罪，数罪并罚，判处有期徒刑四年，并处罚金人民币二万元；被告人巩延利犯参加黑社会性质组织罪、聚众斗殴罪，数罪并罚，判处有期徒刑四年零四个月，并处罚金人民币二万元；被告人钟家旭犯参加黑社会性质组织罪、寻衅滋事罪、聚众斗殴罪，数罪并罚，判处有期徒刑三年零三个月，并处罚金人民币二万元；

被告人杨寅犯参加黑社会性质组织罪、犯寻衅滋事罪、聚众斗殴罪，数罪并罚，判处有期徒刑二年零十个月，并处罚金人民币二万元。

枣庄市峄城区法院作出一审判决后，被告人满宇然等人不服，提出上诉。

【典型意义】

这是一起在赌场非法行业形成非法控制的黑社会性质组织犯罪案件。被告人满宇然纠集多名具有违法犯罪前科以及社会闲散人员，形成黑社会性质犯罪组织。该组织在滕州市大肆开设赌场、抽头渔利，并对参赌人员放高利贷，谋取非法利益，该组织通过暴力、威胁等手段，打压、排挤其他开设赌场的人员、控制参赌人员，形成对滕州市范围内牌九形式赌博的非法控制，造成多人卖房卖车、倾家荡产、妻离子散、引发恶性案件等严重后果。而且，该组织采用暴力、威胁等手段，干预和插手他人矛盾纠纷，随意殴打他人，持枪驾车作案，持械公然斗殴，在滕州市城区造成极其恶劣的影响，严重影响了当地的经济、社会生活秩序。

3. 被告人王海龙等10人黑社会性质组织犯罪案

【基本情况】

被告人10名，分别是王海龙、王蕾、王群、宋卫波、胡文桥、朱丙峰、王志明、陈新全、李常瑞、刘成诺。

2014年春节前后，被告人王海龙、王蕾、王群结成团伙，并先后聚集被告人宋卫波、胡文桥、朱丙峰、王志明、刘成诺等社会闲散人员，为谋取非法经济利益，开始有组织地实施各类违法犯罪活动：为争夺平邑县流峪镇南申庄沙场寻衅滋事，致杨某某重伤；在平邑县流峪镇开设赌场，并非法拘禁借高利贷赌博输钱的姚某、张某某；为索取非法债务非法拘禁郭某某、胡某某；在平邑县郑城镇大魏庄村非法采矿。通过上述行为，在社会上逐渐有了一定恶名，初步形成了以被告人王海龙为组织者、领导者，以被告人王蕾、王群为骨干成员，以被告人宋卫波、胡文桥、朱丙峰、王志明为积极参加者，以被告人刘成诺为参加者的相对稳定的黑社会性质组织。

2015年初，王群利用其组织威力，先后插手夏某某与陈某某、沈某之间的经济纠纷，带领多人多次到平邑县邑博园对业主夏某某实施讹诈，且逞强耍横殴打夏某某的朋友鲍某某。同年 11 月，王海龙、王群指使手下殴打、恐吓为维护群众利益找其理论的平邑县仲村镇峡玕村支部书记张某某，在当地群众中造成了恶劣影响；在东公利村越界采矿，肆意放炮，震坏百余户村民房屋；在仲村一带盗挖黏土，任意占用村民土地，打击排挤对手实施垄断；慑于该组织的淫威，当地干部群众无人敢反对，在平邑县温水镇东公利村周边、仲村镇岐山一带形成了重大影响和非法控制，严重破坏了当地群众正常的经济、社会、生活秩序，损害了政府公信力，影响了经济发展和社会稳定。为非作恶，欺压、残害百姓，形成了称霸一方的黑恶势力。

王海龙黑社会性质组织自 2014 年至 2017 年 4 月，实施寻衅滋事犯罪、故意伤害犯罪 6 起，多次开设赌场犯罪，非法拘禁犯罪 6 起，非法采矿犯罪 4 起，其他违法行为 4 起。自 2011 年春天起，王海龙、王群、王蕾、宋卫波、王志明等被告人在黑社会性质组织外实施抢劫犯罪 1 起，交通肇事犯罪 1 起，非法拘禁犯罪 1 起，故意伤害犯罪 1 起，诈骗犯罪 1 起，窝藏犯罪 1 起。

【裁判结果】

被告人王海龙犯组织、领导黑社会性质组织罪，故意伤害罪，寻衅滋事罪，开设赌场罪，非法拘禁罪，非法采矿罪，抢劫罪，数罪并罚，判处有期徒刑二十五年，并处没收个人全部财产，剥夺政治权利五年；被告人王群犯参加黑社会性质组织罪、寻衅滋事罪、开设赌场罪、非法拘禁罪、非法采矿罪、交通肇事罪，数罪并罚，判处有期徒刑二十年，并处没收个人全部财产，剥夺政治权利三年；被告人宋卫波犯参加黑社会性质组织罪、故意伤害罪、寻衅滋事罪、开设赌场罪、非法拘禁罪，数罪并罚，判处有期徒刑十八年，并处罚金人民币七十万元；被告人王蕾犯参加黑社会性质组织罪、寻衅滋事罪、开设赌场罪、非法采矿罪、窝藏罪，数罪并罚，判处有期徒刑十四年，并处没收个人全部财产，剥夺政治权利二年；被告人朱丙峰犯参加黑社会性质组织罪、开设赌场罪、非法拘禁罪、非法采矿罪，数罪并罚，判处有期徒刑十一年，并处罚金人民币一百一十五万元；被告人王志明犯参加黑社会性质组织罪、寻衅滋事罪、诈骗罪，数罪并罚，判处有期徒刑八年，并处罚金人民币四十万元；被告人胡文桥犯参加黑社会性质组织罪、寻衅滋事罪、开设赌场罪、非法拘禁罪，数罪并罚，判处有期徒刑七年六个月，并处罚金人民币五十万元；被告人李常瑞犯参加黑社会性质组织罪、非法采矿罪，数罪并罚，判处有期徒刑五年六个月，并处罚金人民币六十八万元，同时撤销临沂市河东区人民法院（2012）临河刑初字第298号刑事判决中对被告人李常瑞宣告缓刑四年的执行部分；被告人陈新全犯参加黑社会性质组织罪、非法采矿罪，数罪并罚，判处有期徒刑四年，并处罚金人民币七十万元；被告人刘成诺犯参加黑社会性质组织罪、非法拘禁罪，数罪并罚，判处有期徒刑三年六个月，并处罚金人民币二十万元。

平邑县法院作出一审判决后，被告人王海龙等人不服，提出上诉。

【典型意义】

这是一起在矿产资源领域形成重大影响的黑社会性质组织犯罪案件。王海龙黑社会性质组织为非作恶，欺压、残害百姓，形成了称霸一方的黑恶势力。该组织通过非法采矿获取巨大经济利益，通过实施寻衅滋事、故意伤害、开设赌场、非法拘禁、殴打恐吓基层干部等违法犯罪活动，在平邑县温水镇东公利村周边、仲村镇岐山一带形成了重大影响和非法控制，致使当地群众合法权益遭受侵害而不敢通过正当渠道举报、控告，严重破坏了当地群众正常的经济、社会、生活秩序，损害了政府公信力，影响了经济发展和社会稳定。

4. 被告人吴长伟等29人黑社会性质组织犯罪案

【基本情况】

被告人二十九名，分别是吴长伟、康新城、李亚辉、乔海涛、徐飞、吴萍、闫兆霞、杨晓亮、张雷、刘阳阳、王国亭、杨洋、栗田宇、王雷、韩玉龙、穆恩龙、张恒瑞、史亮银、于国军、吴杰、杨鑫、王凯鑫、刘磊、张玉文、马壮壮、耿强、王凯、陈仁波、苟金学。

2011年11月份，被告人吴长伟刑满释放后，先后纠集被告人乔海涛、王雷、韩玉龙及王宝林等社会闲散人员为余某在东营市零午思留慢摇酒吧（以下简称0546慢摇吧）看场子收费，其间多次纠集上述人员及被告人刘磊、张玉文、杨洋等人实施抢劫、寻衅滋事等暴力违法犯罪活动。2012年4月，被告人吴长伟因看场子费用问题与0546慢摇吧经营者余某发生矛盾，被告人吴长伟组织部分团伙成员持械打砸0546慢摇吧物品及余军的车辆并殴打店员，形成了以被告人吴长伟为组织者、领导者的黑社会性质组织。该组织在被告人吴长伟的统一组织、领导下，陆续向赌博等非法行业以及物业管理、建筑工程等行业延伸，扩张势力范围。2012 年至 2014 年期间，被告人吴长伟伙同被告人康新城在东营市东营区利用赌博机开设多处赌场，组织多人参与赌博，并安排被告人李亚辉、杨晓亮、王凯、张雷、穆恩龙、闫兆霞、张恒瑞及赵晓伟等人交叉在上述地点从事记账、上分等业务；2014 年至 2016 年期间，被告人吴长伟、康新城在东营市东营区多地利用扑克、麻将等赌具开设赌场组织多人参与赌博，并安排被告人李亚辉、杨晓亮、王凯、穆恩龙及赵晓伟等人交叉在上述地点从事记账、抽头、放贷等业务；2012 年 6 月以来，被告人吴长伟安排杨洋、韩玉龙及刘团结等人先后在东营市东营区胜凯小区、东利名城小区采用暴力、威胁手段垄断上料、降水等工程；2014 年 3 月，被告人吴长伟成立金成炜业公司，先后承揽东营市东营区唐正丽日四季花园部分建筑工程、金湖银河部分绿化工程、万达广场部分降水工程，安排被告人乔海涛、张雷、王国亭、吴杰等人进行管理，聚敛了大量财富；2014 年 7 月，被告人吴长伟成立飞跃物业公司，承揽东营市东营区西城利群停车场收费业务，并安排张雷、徐飞、刘阳阳、于国军等纠集多人以该公司名义分别在东营市东营区东城清风小区、府前小区、阳光 100 小区附近采用暴力、威胁等手段向个体商贩强行收取物业费，造成恶劣社会影响。

吴长伟黑社会性质组织形成以来，多次组织上述涉案人员等有组织地以暴力、威胁手段插手民事、经济纠纷，大肆实施各类违法犯罪活动 23 起，欺压残害群众，其中寻衅滋事犯罪 11 起、故意伤害犯罪 1 起、非法拘禁犯罪 1 起、敲诈勒索犯罪 1 起、以危险方法危害公共安全犯罪 1 起、开设赌场犯罪 1 起、非法持有枪支犯罪 1 起、强迫交易犯罪 2 起，实施寻衅滋事违法行为 4 次，并通过违法犯罪行为攫取非法利益，在东营市东营区一定区域和行业内称霸一方，形成重大影响，严重破坏了当地经济、社会、生活秩序，社会危害性大。

【裁判结果】

被告人吴长伟犯组织、领导黑社会性质组织罪，寻衅滋事罪，抢劫罪，故意伤害罪，开设赌场罪，非法拘禁罪，敲诈勒索罪，以危险方法危害公共安全罪，非法持有枪支罪，强迫交易罪，数罪并罚，判处有期徒刑二十五年，剥夺政治权利五年，并处没收个人全部财产；被告人康新城犯参加黑社会性质组织罪、开设赌场罪、伪造国家机关印章罪，数罪并罚，判处有期徒刑八年，并处罚金二十四万元；被告人李亚辉犯参加黑社会性质组织罪、寻衅滋事罪、敲诈勒索罪、开设赌场罪、非法拘禁罪、以危险方法危害公共安全罪、交通肇事罪，数罪并罚，判处有期徒刑十七年，剥夺政治权利三年，并处罚金十七万元；被告人乔海涛犯参加黑社会性质组织罪、寻衅滋事罪、抢劫罪、非法拘禁罪、敲诈勒索罪，判处有期徒刑十二年，剥夺政治权利三年，并处罚金十二万元；被告人徐飞犯参加黑社会性质组织罪、寻衅滋事罪、故意伤害罪、以危险方法危害公共安全罪，数罪并罚，判处有期徒刑十年，剥夺政治权利三年，并处罚金五万元；被告人吴泮犯参加黑社会性质组织罪、寻衅滋事罪，数罪并罚，判处有期徒刑四年，并处罚金四万元；被告人闫兆霞犯参加黑社会性质组织罪、开设赌场罪，数罪并罚，判处有期徒刑三年，并处罚金七万元；被告人杨晓亮犯参加黑社会性质组织罪、开设赌场罪、以危险方法危害公共安全罪，数罪并罚，判处有期徒刑六年六个月，并处罚金十二万元；被告人张雷犯参加黑社会性质组织罪、寻衅滋事罪、开设赌场罪、非法拘禁罪，数罪并罚，判处有期徒刑六年六个月，并处罚金八万元；被告人刘阳阳犯参加黑社会性质组织罪、寻衅滋事罪、以危险方法危害公共安全罪，数罪并罚，判处有期徒刑九年，并处罚金四万元；被告人王国亭犯参加黑社会性质组织罪、寻衅滋事罪，数罪并罚，判处有期徒刑四年，并处罚金三万元；被告人杨洋犯参加黑社会性质组织罪、寻衅滋事罪、强迫交易罪，数罪并罚，判处有期徒刑四年六个月，并处罚金四万元；被告人栗田宇犯参加黑社会性质组织罪、寻衅滋事罪、敲诈勒索罪、以危险方法危害公共安全罪，数罪并罚，判处有期徒刑七年，并处罚金四万元；被告人王雷犯参加黑社会性质组织罪、寻衅滋事罪、抢劫罪，数罪并罚，判处有期徒刑五年，并处罚金五万元；被告人韩玉龙犯参加黑社会性质组织罪、寻衅滋事罪、抢劫罪、强迫交易罪，数罪并罚，判处有期徒刑五年，并处罚金七万元；被告人穆恩龙犯参加黑社会性质组织罪、寻衅滋事罪、故意伤害罪、开设赌场罪，数罪并罚，判处有期徒刑五年六个月，并处罚金七万元；被告人张恒瑞犯参加黑社会性质组织罪、开设赌场罪、敲诈勒索罪、以危险方法危害公共安全罪，数罪并罚，判处有期徒刑八年六个月，并处罚金十万元；被告人史亮银犯参加黑社会性质组织罪、寻衅滋事罪，数罪并罚，判处有期徒刑二年，并处罚金二万元；被告人于国军犯参加黑社会性质组织罪、寻衅滋事罪、故意伤害罪，数罪并罚，判处有期徒刑五年，并处罚金三万元；被告人吴杰犯参加黑社会性质组织罪、敲诈勒索罪、非法拘禁罪，数罪并罚，判处有期徒刑三年六个月，并处罚金四万元；被告人杨鑫犯参加黑社会性质组织罪、寻衅滋事罪，数罪并罚，判处有期徒刑三年，并处罚金二万元；被告人王凯鑫犯参加黑社会性质组织罪、寻衅滋事罪、敲诈勒索罪，数罪并罚，判处有期徒刑四年三个月，并处罚金五万元；被告人刘磊犯参加黑社会性质组织罪、抢劫罪，并与前罪故意杀人罪、非法拘禁罪所判有期徒刑十六年并罚，决定执行有期徒刑十八年六个月，并处罚金五万元；被告人张玉文犯参加黑社会性质组织罪、寻衅滋事罪，并与前罪盗窃罪所判有期徒刑三年八个月，并处罚金五万元并罚，决定执行有期徒刑六年，并处罚金七万元；被告人马壮壮犯参加黑社会性质组织罪、寻衅滋事罪、故意伤害罪，数罪并罚，判处有期徒刑三年，并处罚金二万元；被告人耿强犯参加黑社会性质组织罪、寻衅滋事罪、以危险方法危害公共安全罪，数罪并罚，判处有期徒刑四年六个月，并处罚金二万元；被告人王凯犯参加黑社会性质组织罪、开设赌场罪，数罪并罚，判处有期徒刑三年，并处罚金十万元；被告人陈仁波犯寻衅滋事罪，与前罪故意伤害罪所判有期徒刑十一年并罚，决定执行有期徒刑十二年；被告人荀金学犯以危险方法危害公共安全罪，判处有期徒刑三年，与前罪未执行完毕的有期徒刑一年一个月三日并罚，决定执行有期徒刑三年六个月。

东营市东营区法院作出一审判决后，被告人吴长伟等人不服，提出上诉。

【典型意义】

这是一起人数众多、在赌博、物业管理、建筑工程等多个行业有重大影响的黑社会性质组织犯罪案。被告人吴长伟刑满释放后，纠集多名社会闲散人员多次实施抢劫、寻衅滋事等违法犯罪活动，逐步形成了稳定的犯罪组织。该组织通过赌博机开设赌场，采用暴力、威胁手段垄断建设工程、强行收取物业费等方式，聚敛大量财富。该组织通过暴力、威胁手段插手民事、经济纠纷，大肆实施寻衅滋事、故意伤害、非法拘禁、敲诈勒索各类违法犯罪活动，在东营市东营区一定区域和行业内称霸一方，形成重大影响，严重破坏了当地经济、社会、生活秩序。

5. 被告人赵红等14人黑社会性质组织犯罪案

【基本情况】

被告人14名，分别是赵红、于瀛寰、刘聪、李晨辉、王显波、李喜霞、严光辉、金保坤、许宏林、蒋亚东、张东明、刁玉民、王世凯、梁吉礼。

被告人赵红伙同其二弟赵海山、丈夫于瀛寰等人自2001年起在青岛市黄岛区武夷山市场网点房经营"洗头房"，进行组织卖淫违法犯罪活动，并逐步发展成较为稳定的犯罪组织。该组织人数众多，骨干成员基本固定，为维护扩张势力范围、树立非法权威、获取经济利益，先后实施敲诈勒索、寻衅滋事、组织卖淫等多起违法犯罪活动，形成了以被告人赵红、于瀛寰为组织者、领导者，被告人刘聪、李晨辉、李喜霞、王显波、严光辉为骨干成员和积极参加者，被告人金保坤、许宏林、蒋亚东为一般参加者的黑社会性质组织。以赵红、于瀛寰为首的黑社会性质组织自2007年开始，通过在青岛市黄岛区武夷山市场一期网点房等地经营"洗头房"，组织卖淫违法犯罪活动，自2009年年末至2010年上半年期间，被告人赵红共组织妇女卖淫数百次，通过抽头共计获利约人民币70000余元。赵红、于瀛寰黑社会性质组织以暴力、威胁手段，多次有组织地进行寻衅滋事、敲诈勒索等违法犯罪活动。对于不服从管理或者不交纳"保护费"的"洗头房"店主通过打砸店铺等形式排除异己，敲诈勒索数额在人民币10万元以上。因嫖资纠纷、口角等，殴打蒲某某、吴某某致轻伤。

赵红黑社会性质组织自2007年底至2013年4月，实施组织卖淫犯罪1起，协助组织卖淫犯罪2起，故意伤害犯罪1起，寻衅滋事犯罪1起，敲诈勒索犯罪2起。2002年起，黑社会性质组织外容留卖淫罪犯罪1起，强迫交易犯罪1起，聚众斗殴犯罪1起。

【裁判结果】

被告人赵红犯组织、领导黑社会性质组织罪，组织卖淫罪，敲诈勒索罪，强迫交易罪，寻衅滋事罪，数罪并罚，判处有期徒刑二十年，并处没收个人全部财产，剥夺政治权利三年；被告人于瀛寰犯组织、领导黑社会性质组织罪，组织卖淫罪，敲诈勒索罪，聚众斗殴罪，寻衅滋事罪，数罪并罚，判处有期徒刑二十年，并处没收个人全部财产，剥夺政治权利二年；被告人刘聪犯参加黑社会性质组织罪、协助组织卖淫罪、敲诈勒索罪，数罪并罚，判处有期徒刑九年，并处罚金人民币二十万元；被告人李晨辉犯参加黑社会性质组织罪、协助组织卖淫罪、敲诈勒索罪、寻衅滋事罪，数罪并罚，判处有期徒刑十三年六个月，并处罚金人民币二十万元；被告人王显波犯参加黑社会性质组织罪、协助组织卖淫罪、敲诈勒索罪，数罪并罚，判处有期徒刑七年，并处罚金人民币十五万元；被告人李喜霞犯参加黑社会性质组织罪、协助组织卖淫罪、敲诈勒索罪、容留卖淫罪，数罪并罚，判处有期徒刑十年，并处罚金人民币二十万三千元；被告人严光辉犯参加黑社会性质组织罪、协助组织卖淫罪容留卖淫罪，数罪并罚，判处有期徒刑九年，并处罚金人民币十八万四千元，不得假释；被告人金保坤犯参加黑社会性质组织罪、协助组织卖淫罪、寻衅滋事罪，数罪并罚，判处有期徒刑五年五个月，并处罚金人民币十万元；被告人许宏林犯参加黑社会性质组织罪、敲诈勒索罪，数罪并罚，判处有期徒刑四年，并处罚金人民币十一万元；被告人蒋亚东犯参加黑社会性质组织罪、敲诈勒索罪，数罪并罚，判处有期徒刑四年，并处罚金人民币十一万元；被告人张东明犯聚众斗殴罪，判处有期徒刑五年；被告人刁玉民犯聚众斗殴罪，判处有期徒刑四年六个月；被告人王世凯犯聚众斗殴罪，判处有期徒刑四年；被告人梁吉礼犯聚众斗殴罪，判处有期徒刑三年六个月。

青岛市黄岛区法院作出一审判决后，被告人赵红等人不服，提出上诉。

【典型意义】

这是一起在非法行业卖淫业中形成非法控制的黑社会性质组织犯罪案。赵红、于瀛寰黑社会性质组织通过强迫"洗头房"店主交纳"保护费""打点费"等手段对武夷山市场卖淫行业进行管理，实现对武夷山市场卖淫行业的非法控制，大肆进行有组织的卖淫活动，严重败坏了社会风气，扰乱了正常的社会生活秩序。

6. 被告人王桐、赵明洋等 24 人聚众斗殴、寻衅滋事等犯罪案

【基本情况】

被告人 24 名，分别是王桐、赵明洋、曹先平、宫志强、贾学良、孙建杰、王欣征、刘海明、张元涛、孙丰斌、王军建、董超、段文越、冀建新、张振海、张建坤、孙华伟、高永强、冀温成、程美涛、李强、吕鹏、陈世朋、张昌伟。

被告人王桐于 2004 年 9 月、2006 年 8 月先后因犯抢劫罪、故意伤害罪被判处刑罚，刑满释放后又与被告人赵明洋、宫志强、曹先平、贾学良、董超及赵志凯、刘广雷、时乐栋等社会闲散人员，交叉结伙继续从事违法犯罪行为。2011 年 11 月份，被告人王桐、宫志强、赵明洋、曹先平、贾学良及刘广雷、时乐栋等人再次因犯故意伤害罪、寻衅滋事罪被判处刑罚。2013 年，上述人员陆续刑满释放。被告人王桐利用多次被打击处理对群众造成的恐慌心理，通过狱友、乡情等关系重新笼络以上人员，在青州城镇范围内，大量从事寻衅滋事、聚众斗殴、开设赌场、敲诈勒索、非法拘禁等犯罪行为。2014 年，被告人孙建杰、王欣征及张五一等人陆续加入，组织成员基本固定，形成以被告人王桐、赵明洋为首要分子，被告人曹先平、宫志强、贾学良、孙建杰、王欣征为主犯，被告人刘海明、张元涛、孙丰斌、王军建、董超、段文越、冀建新积极参加的恶势力犯罪集团。

王桐恶势力犯罪集团自 2013 年 11 月至 2016 年 9 月，实施聚众斗殴犯罪 4 起，寻衅滋事犯罪 14 起，非法拘禁犯罪 1 起，开设赌场犯罪 2 起，敲诈勒索犯罪 1 起。犯罪集团外的个人实施的寻衅滋事犯罪 3 起，容留他人吸毒犯罪 1 起，强奸犯罪 2 起，强迫卖淫犯罪 1 起，帮助毁灭证据犯罪 1 起。

【裁判结果】

被告人赵明洋犯聚众斗殴罪、寻衅滋事罪、非法拘禁罪、开设赌场罪、敲诈勒索罪、容留他人吸毒罪、强奸罪、强迫卖淫罪，数罪并罚，判处有期徒刑

二十五年，并处罚金人民币十二万五千元，剥夺政治权利三年；被告人王桐犯聚众斗殴罪、寻衅滋事罪、非法拘禁罪、开设赌场罪、敲诈勒索罪，数罪并罚，判处有期徒刑十八年，并处罚金人民币十一万元；被告人宫志强犯聚众斗殴罪、寻衅滋事罪、非法拘禁罪、开设赌场罪、敲诈勒索罪，数罪并罚，判处有期徒刑十二年，并处罚金人民币八千元；被告人曹先平犯聚众斗殴罪、寻衅滋事罪、开设赌场罪、敲诈勒索罪，数罪并罚，判处有期徒刑十一年，并处罚金人民币八千元；被告人贾学良犯聚众斗殴罪、寻衅滋事罪、非法拘禁罪、开设赌场罪、敲诈勒索罪，数罪并罚，判处有期徒刑九年，并处罚金人民币八千元；被告人王欣征犯聚众斗殴罪、寻衅滋事罪、敲诈勒索罪，数罪并罚，判处有期徒刑五年，并处罚金人民币五千元；被告人陈世朋犯聚众斗殴罪，判处有期徒刑三年；被告人张昌伟犯聚众斗殴罪，判处有期徒刑三年，缓刑三年；被告人张元涛犯聚众斗殴罪、寻衅滋事罪、敲诈勒索罪，数罪并罚，判处有期徒刑二年，并处罚金人民币三千元；被告人孙丰斌犯寻衅滋事罪、敲诈勒索罪，数罪并罚，判处有期徒刑一年十个月，并处罚金人民币三千元；被告人冀建新犯寻衅滋事罪，判处有期徒刑一年六个月；被告人董超犯聚众斗殴罪、寻衅滋事罪，数罪并罚，判处有期徒刑一年六个月；被告人王军建犯聚众斗殴罪、寻衅滋事罪，数罪并罚，判处有期徒刑一年二月；被告人段文越犯寻衅滋事罪，判处有期徒刑一年；被告人冀温成犯寻衅滋事罪，判处有期徒刑一年；被告人张振海犯寻衅滋事罪，判处有期徒刑一年，缓刑一年；被告人张建坤犯非法拘禁罪，判处有期徒刑十个月，缓刑一年；被告人程美涛犯寻衅滋事罪，判处有期徒刑九个月；被告人李强犯聚众斗殴罪，判处有期徒刑六个月；被告人吕鹏犯聚众斗殴罪，判处有期徒刑六个月；被告人高永强犯帮助毁灭证据罪，判处有期徒刑六个月；被告人孙建杰犯聚众斗殴罪、寻衅滋事罪，数罪并罚，判处有期徒刑七年；被告人刘海明犯寻衅滋事罪，判处有期徒刑一年八个月；被告人孙华伟犯聚众斗殴罪，判处有期徒刑一年四个月。

该案经青州法院一审、潍坊中院二审，现判决已生效。

【典型意义】

这是一起典型的恶势力犯罪案件。被告人王桐、赵明洋纠集曹先平、宫志强、贾学良、王欣征、刘海明、张元涛、董超、孙建杰、王军建、段文越、冀建新为实施共同犯罪而组成较为固定的犯罪组织。该犯罪组织人数众多，有明确的组织领导者，纠集者和参加人员基本固定，分工明确，是典型的恶势力犯罪集团。该犯罪集团多次实施聚众斗殴、寻衅滋事、非法拘禁、开设赌场、敲诈勒索、容留他人吸毒、强奸、强迫卖淫、帮助毁灭证据等犯罪活动，为非作恶，欺压百姓，扰乱经济、社会生活秩序，造成恶劣社会影响。

7. 被告人钟士峰等5人寻衅滋事、非法占用农用地犯罪案

【基本情况】

被告人五名，分别是钟士峰、钟志、钟广辉、钟瑞睿、牛洪利。

2016年六七月份被告人钟士峰在开设"世峰沙场"开始经营沙场。自2016年8月开始，被告人钟士峰纠集钟志、钟瑞睿（钟士峰的胞妹）等人在经营的济宁市任城区李营街道办事处何岗村东日东高速入口南2公里处"世峰沙场"门口生产路上，多次采取威胁、逼迫、辱骂的方式向途经此地的拉沙车辆及附近过往车辆强行索要过路费，截至2017年8月份，被告人钟士峰等人共强行索要过路费73320元。

2016年12月被告人钟士峰伙同被告人牛洪利等人开始着手在租赁基本农田上取土挖沙进行销售。经鉴定造成的耕地原有耕作层受到严重破坏，道路及排灌设施损坏，丧失农作物种植条件，涉及面积基本农用田4962平方米、林地623平方米，破坏行为属于挖损破坏。

【裁判结果】

被告人钟士峰犯寻衅滋事罪、非法占用农用地罪，数罪并罚，判处有期徒刑六年十个月，并处罚金人民币四万元；被告人钟志犯寻衅滋事罪，判处有期徒刑六年，并处罚金二万元；被告人钟广辉犯寻衅滋事罪，判处有期徒刑四年；被告人钟瑞睿犯寻衅滋事罪，判处有期徒刑三年；被告人牛洪利犯非法占用农用地罪，判处拘役五个月，缓刑一年，并处罚金五千元。

济宁市任城区法院作出一审判决后，上诉期内被告人未上诉，判决已经生效。

【典型意义】

这是一起强收过路费的恶势力犯罪案件。被告人钟士峰纠集钟志、钟瑞睿、钟广辉、张鹏等人为共同实施犯罪，组成以钟士峰、钟志是为首要分子的较为固定的犯罪组织。该组织经常纠集在一起，采用公开设点手段，以威胁、辱骂等方式长期强行收取过往车辆的过路费，数额巨大，严重影响道路通行秩序，造成恶劣的社会影响。

8. 被告人胥英杰等7人寻衅滋事犯罪案

【基本情况】

被告人7名，分别是胥英杰、王兵、王发鉴、张涛、张少周、陈大勇、张建。

被告人胥英杰在争取OPPO手机代理权未果后，为了报复而纠集人员，形成了以胥英杰、王兵为纠集者，以被告人王发鉴为骨干成员，被告人张涛、张少周、陈大勇、张建为积极参加者的恶势力团伙，多次针对办事处及其员工实施了一系列违法犯罪活动，为非作恶，扰乱经济和社会生活秩序，在当地造成了较为恶劣的社会影响。其中胥英杰指使王兵、王发鉴堵办事处门锁锁眼多次；打砸办事处员工的车辆4辆，造成经济损失共计人民币16793元；多次威胁、恐吓办事处员工不得继续在办事处工作，严重影响员工的工作、生活及办事处的经营；持木棍、橡胶棒殴打、威胁办事处员工2人3次，致使被害人杨效凯2次轻微伤。被告人张涛、张少周、陈大勇、张建2次参与持橡胶棒随意殴打他人，致使被害人杨效凯2次轻微伤。

【裁判结果】

被告人胥英杰犯寻衅滋事罪，判处有期徒刑九年；被告人王兵犯寻衅滋事罪，判处有期徒刑六年；被告人王发鉴犯寻衅滋事罪，判处有期徒刑四年零六个月；被告人张涛犯寻衅滋事罪，判处有期徒刑三年零六个月；被告人张少周犯寻衅滋事罪，判处有期徒刑三年；被告人陈大勇犯寻衅滋事罪，判处有期徒刑三年；被告人张建犯寻衅滋事罪，判处有期徒刑九个月。

商河县法院对该案作出一审判决后，被告人胥英杰等人不服，提出上诉。

【典型意义】

这是一起因争取手机代理权引发恶势力犯罪案件。被告人胥英杰因未取得OPPO手机代理权心生怨恨，为泄愤报复，与王兵共同纠集多人，实施堵锁眼、砸车、殴打、威胁恐吓等方式多次实施违法犯罪行为，扰乱经济、社会生活秩序，在当地造成了恶劣的社会影响。

9. 被告人季先法等10人聚众斗殴、寻衅滋事犯罪案

【基本情况】

被告人10名，分别是季先法、尚长坤、季振伟、胡宗华、胡德尚、张波、李先明、崔洋、张彬、季强。

被告人季先法经营沂南县蒙山道路清障服务中心，尹海涛（另案处理）经营沂南县宏顺停车场。2017年以来，两企业为争夺高速公路清障救援、事故车辆修理等业务，被告人季先法组织、纠集被告人张波、季强、季振伟、崔洋、张彬等余人，尹海涛（另案处理）组织被告人胡德尚、尚长坤、胡宗华、李先明等人，多次实施寻衅滋事、聚众斗殴犯罪活动，形成两个恶势力犯罪团伙。两团伙在高速公路上相互驾车追逐、竞驶；冲撞打砸对方车辆、办公场所；聚众斗殴，造成双方多名人员受伤、财产毁损、高速公路拥堵等严重后果。在案件侦查过程中，被告人季先法主动到公安机关投案，但多次故意作虚假供述，妨害侦查活动。

【裁判结果】

被告人季先法犯聚众斗殴罪、伪证罪，数罪并罚，判处有期徒刑六年三个月；被告人尚长坤犯聚众斗殴罪、寻衅滋事罪，数罪并罚，判处有期徒刑六年三个月；被告人季振伟犯聚众斗殴罪、寻衅滋事罪，数罪并罚，判处有期徒刑五年九个月；被告人胡宗华犯聚众斗殴罪、寻衅滋事罪，数罪并罚，判处有期徒刑五年六个月；被告人胡德尚犯聚众斗殴罪、寻衅滋事罪，数罪并罚，判处有期徒刑五年三个月；被告人张波犯聚众斗殴罪，判处有期徒刑五年；被告人

李先明犯聚众斗殴罪，判处有期徒刑四年六个月；被告人崔洋犯聚众斗殴罪，判处有期徒刑三年六个月；被告人张彬犯聚众斗殴罪，判处有期徒刑三年六个月；被告人季强犯聚众斗殴罪，判处有期徒刑三年。

沂南县法院对该案作出一审判决后，被告人季先法等人不服，提出上诉。

【典型意义】

这是一起因恶性商业竞争而的形成两个恶势力团伙的案件。两个恶势力团伙因争夺清障救援、事故车辆修理等业务而形成，为争夺上述业务多次实施寻衅滋事、聚众斗殴等违法犯罪行为，造成了严重后果，社会影响恶劣。

10. 被告人王广文等10人强迫交易犯罪案

【基本情况】

被告人10名，分别是王广文、耿纪泉、赵中军、赵中峰、赵中栋、赵中五、刘玉全、付相荣、赵廷林、李元波。

2014年11月，济南市国土资源局历城分局、济南市历城区财政局、济南市历城区人力资源、社会保障局与济南市历城区唐冶街道章灵丘一村、二村、三村村民委员会签订了土地征收补偿安置协议，拟征收上述三个村的土地为建设用地。2016年1月14日，被告人王广文以王宝瑞名义申请注册成立山东振旺机械化施工有限公司，登记的法定代表人系王宝瑞，王广文是公司的实际控制者。被告人耿纪泉、赵中军与孔令成、王道元（以上2人在逃）、刘玉军、黄志强、张学忠（以上3人另案处理）系章灵丘一村、二村、三村的村民、村支部书记、村委会主任，希望借章灵丘地区开发的机会承揽该地区的土石方等工程，经与王广文商议，合伙以振旺公司的名义承揽工程。上述八人为此还达成协议：公司盈利按八点五个股分配，孔令成占一点五个股，其余七人每人各占一股，八人定期开会研究相关业务。在具体承揽土石方工程过程中，八人共同商定采取以下强揽方式：章灵丘村地区的土石方工程都要由其八人承揽，如果承包给他人，就以补偿款未到位的名义，组织村民阻挠施工，迫使发包方将工程发包给其八人。在实际经营过程中，孔令成、王道元、耿纪泉、赵中军、刘玉军、黄志强、张学忠每人投资3万元。自2016年2月至2017年3月，在济南市历城区唐冶街道章灵丘村区域承揽土石方等工程过程中，上述人员多次组织实施以静坐、语言威胁、围堵施工机械等暴力威胁手段，强行阻止"中新国际城项目""中建锦绣天地项目""龙湖春江郦城项目""蒋山东路市政道路项目施工"，严重扰乱了经济、社会生活秩序，造成较为恶劣的社会影响。

【裁判结果】

被告人王广文犯强迫交易罪，判处有期徒刑五年，并处罚金十二万元；被告人赵中军犯强迫交易罪，判处有期徒刑四年，并处罚金十万元；被告人耿纪泉犯强迫交易罪，判处有期徒刑三年九个月，并处罚金十万元；被告人赵中峰犯强迫交易罪，判处有期徒刑二年，缓刑三年，并处罚金二万五千元；被告人赵中栋犯强迫交易罪，判处有期徒刑二年，缓刑三年，并处罚金二万五千元；被告人赵中五犯强迫交易罪，判处有期徒刑二年，缓刑三年，并处罚金二万五千元；被告人刘玉全犯强迫交易罪，判处有期徒刑二年，缓刑三年，并处罚金二万五千元；被告人付相荣犯强迫交易罪，判处有期徒刑二年，缓刑三年，并处罚金二万五千元；被告人赵廷林犯强迫交易罪，判处有期徒刑一年六个月，缓刑二年，并处罚金一万五千元；被告人李元波犯强迫交易罪，判处有期徒刑一年六个月，缓刑二年，并处罚金一万五千元。

济南市历城区法院对该案作出一审判决后，被告人王广文等人不服，提出上诉。

【典型意义】

该案是一起强揽工程的恶势力犯罪案件。被告人王广文为实施犯罪活动组成了人员较为固定的犯罪组织，有多名成员，有明显的首要分子，重要成员较为固定，组织成员经常纠集在一起，共同故意实施多起违法犯罪活动，是恶势力犯罪集团。该犯罪集团为强揽工程多次阻挠建设项目施工，严重扰乱了工程建设秩序，造成了恶劣社会影响。

[地方司法业务文件]

江苏省高级人民法院

关于在扫黑除恶专项斗争中打击与防范“套路贷”虚假诉讼工作指南

（2019 年 10 月 14 日）

“套路贷”通常假借民间借贷等民事纠纷之名，通过诉讼、仲裁、公证等方式使其合法化，有极强的隐蔽性和迷惑性，但其本质上涉嫌违法犯罪，不属于人民法院民事案件受理范围。

为正确区分“套路贷”与违法放贷、合法民间借贷的界限，有效防范打击“套路贷”违法犯罪，依据《中华人民共和国合同法》，最高人民法院、最高人民检察院、公安部、司法部《关于办理“套路贷”刑事案件若干问题的意见》，《最高人民法院关于审理民间借贷案件适用法律若干问题的规定》等法律和司法解释的规定，结合全省审判工作实际，制定本指南。

一、“套路贷”的界定

1.【“套路贷”的概念】“套路贷”，是指放贷人虚构法律关系，通过虚增债务数额等方式形成虚假债权债务，采用暴力、胁迫或者借助诉讼、仲裁、公证以及其他手段，非法占有他人财物的违法犯罪活动。

司法实践中，“套路贷”不仅假借民间借贷之名进行虚假诉讼，还常常假借债权转让、股权转让、房屋买卖、房屋租赁、汽车买卖、所有权确认等民事纠纷之名进行虚假诉讼。

2.【"套路贷"违法犯罪与民间借贷关系的主要区别】从主观方面看，"套路贷"违法犯罪是以非法占有他人财物为目的。而民间借贷的出借人是为了到期按照协议约定的内容收取本金并获取利息，不具有非法占有他人财物的目的。

民间借贷关系是平等民事主体之间基于意思自治达成的协议，不会在签订、履行借贷协议过程中实施虚增借贷金额、制造虚假给付痕迹、恶意制造违约、肆意认定违约、隐匿还款证据等行为。而"套路贷"违法犯罪从诱骗或者强迫被害人签订合同到暴力讨债、虚假诉讼等，不仅侵害被害人财产权、人身权，还危害社会公共秩序，破坏金融管理秩序，严重挑战司法权威，严重妨害司法公正。

3.【"套路贷"的常见犯罪手法和步骤】"套路贷"放贷人的"套路"手法和步骤包括但不限于以下情形：

（1）签订金额虚高的"借贷"协议制造民间借贷假象。放贷人以"小额贷款公司""投资公司""咨询公司""担保公司""网络借贷平台"等名义对外宣传，以低息、无抵押、无担保、快速放款为诱饵，继而以"保证金""行规"等虚假理由诱使借款人签订金额虚高的"借贷"协议。放贷人利用借款人急需资金周转，诱使或迫使借款人在空白借款合同上签字，或者签订"阴阳合同"，或者一笔借款出具多份借条，从而形成金额虚高的"借贷"协议。放贷人以借款人先前借贷构成违约为由，迫使借款人在重新借款时签订金额虚高的"借贷"协议。放贷人出借款项时不与借款人签订借款合同或不要求借款人出具借条，而与借款人签订买卖合同、租赁合同等，再由借款人出具金额虚高的欠条。

（2）制造资金虚假给付事实。放贷人制造已将全部借款交付借款人的银行流水痕迹，随后采取各种方式将全部或部分资金收回。放贷人出借款项未实际交付，但通过迫使借款人出具收条、让借款人捧着现金拍照等方式制造款项以现金交付的假象。放贷人将出借款项交付借款人后，又迫使借款人将款项交付放贷人的关联关系人，而借款人与放贷人的关联关系人并无债权债务关系。

（3）恶意垒高"债务"数额。放贷人在借款人还款后不出具凭证、不归还借据，并以借据再次主张"权利"。放贷人在借款人归还部分款项后，迫使借款人重新签订"借贷"协议或者出具"借条"，但对已归还款项不予扣除。放贷人在借款人无力偿还"借款"时，安排关联关系人为借款人"偿还借款"，继而与借款人签订金额更大的"借贷"协议。放贷人故意设置违约陷阱、制造还款障碍，恶意制造借款人违约，或者肆意认定违约，收取高额违约金。

（4）"套路"第三人承担"还款"责任。放贷人在借款人无力偿还"借款"时，安排关联关系人提供"过桥资金"为借款人"偿还借款"，并诱使或迫使借款人让他人为"过桥资金"提供担保，将"债务"恶意转嫁给担保人。放贷人明知是企业分公司负责人的个人虚假或虚高债务，但通过诱使或迫使借款人在"借贷"协议上加盖分公司印章等方式，将"债务"恶意转嫁给企业。放贷人明知是建设工程实际施工人的个人虚假或虚高债务，但通过制造"表见代理""表见代表"假象，将"债务"恶意转嫁给有关建筑企业。

（5）通过各种方式非法讨债。放贷人以暴力或者"软暴力"方式向借款人或者借款人的特定关系人讨债。放贷人通过虚假公证、虚假仲裁、虚假诉讼等方式讨债。

二、从立、审、执各环节强化审查，防范和打击"套路贷"虚假诉讼

4.【加强对重点案件的审查】对民间借贷等案件，要切实提高防范"套路贷"的警觉性，重点审查，坚决截断违法犯罪分子利用诉讼程序将非法利益合法化的通道。

（1）原告为疑似职业放贷人或其关联关系人的；

（2）P2P网贷诉讼；

（3）原告系从疑似职业放贷人或其关联关系人处受让债权的；

（4）原告未起诉借款人而向他人（如案涉借款担保人）主张权利的；

（5）原告本人无正当理由拒不到庭应诉的；

（6）被告下落不明或未应诉的；

（7）被告对原告诉讼请求予以认可或未作抗辩的；

（8）被告抗辩原告非实际出借人或出借款项未实际交付或已归还出借款项的；

（9）借贷合同为统一格式的；

（10）原告提供的证据形式上完备，但不符合常理的；

（11）原告主张出借款项以现金交付，数额超过5万元的；

（12）款项出借或本息归还存在指示交付或委托交付情形的；

（13）原、被告存在多笔款项往来，但原告只截取部分往来凭证主张权利的；

（14）被告在短期内出具多份借条的；

（15）其他可能影响债权合法性、真实性判断的情形。

5.【强制关联案件查询】在开展已结民间借贷案件“回头看”过程中，以及对民间借贷、债权转让、股权转让、房屋买卖、房屋租赁、汽车买卖、所有权确认等案件的立、审、执各个环节，要强制使用全省法院关联案件查询系统与“套路贷”虚假诉讼智能预警系统等信息化平台，进行关联案件与疑似职业放贷人强制查询，查询情况应形成书面材料入卷。

经与查询结果比对，一方面要重点审查原告是否系职业放贷人或其关联关系人；另一方面，要重点审查放贷行为是否涉嫌“套路贷”，如在本案中无法准确识别的，可以通过调取关联案件卷宗，综合比对分析，准确甄别是否存在借贷“套路”以及虚构事实等行为。

6.【强化当事人本人到庭参加诉讼】民间借贷的一审案件必须开庭审理，应当传唤当事人本人到庭接受调查、进行质证，要求借贷双方陈述借款细节及款项往来等情况。开庭传票应当注明当事人本人到庭事项，并载明不到庭的不利法律后果。原告本人无正当理由拒不到庭，导致其主张的事实无法查清的，应承担不利的法律后果。

民间借贷的二审与申请再审案件，应开庭或者询问审理，当事人必须到庭接受调查。

7.【强化借贷事实的实质性审查】民间借贷等案件的审理，不能仅仅依据表面证据进行裁判，要准确理解和适用《最高人民法院关于审理民间借贷案件适用法律若干问题的规定》关于举证责任的规定，不能机械适用证据规则，不能仅凭书证的证据优势认定借贷事实，要在借贷主体、借贷合意、款项交付、借款利息、款项归还等方面，加强对证据的实质性审查，并着重审查借贷事实中的疑点。要正确处理当事人举证责任的动态转移，只要一方当事人尤其是被告的抗辩达到动摇法官内心确信的程度，就应由另一方当事人进一步举证证明其主张或抗辩。

8.【加大法院依职权调查取证力度】经审理，对借贷合法性、真实性产生合理怀疑的，要加大依职权调查取证力度。对于原告提供的证据虽形成完整证据链，但被告不到庭参加诉讼或者虽到庭参加诉讼但不作任何实质抗辩的，人民法院应主动审查明显不合常理的疑点，查明借贷双方是否存在真实借贷关系。

对原告涉嫌职业放贷的，应深入原告所在社区或基层组织，走访了解原告社会关系、从业及收入来源等情况。对被告抗辩曾因受到暴力讨债报警并提供初步证据的，应主动向公安机关了解相关警情。对被告提供其他线索且符合法定的依职权调取证据情形的，人民法院应主动依职权调查与借贷事实相关的情况。

9.【被告"自认"的处理】被告对原告主张的借贷事实不作任何抗辩予以认可的，人民法院不宜直接认定借贷关系成立。应根据《最高人民法院关于审理民间借贷案件适用法律若干问题的规定》第19条的规定进行审查，并重点审查是否存在借贷"套路"，防止当事人通过虚假诉讼损害其他债权人合法权益，或者涉嫌"套路贷"损害被告的合法权益。

10.【加强对执行依据的审查】在办理各类执行案件过程中，发现作为执行依据的生效法律文书或者另案裁判文书存在"套路贷"嫌疑的，执行案件中止执行或审查，生效裁判交由相关审判业务部门复查。

对于依据公证债权文书、仲裁裁决为执行依据向人民法院申请执行的民间借贷等案件，要加大审查力度，存在"套路贷"嫌疑的，一律裁定不予执行。

三、防范打击"套路贷"虚假诉讼应注意的问题

11.【"套路贷"虚假诉讼的甄别】在开展已结民间借贷等相关案件"回头看"过程中，对存在以下情形的，要重点甄别是否系"套路贷"虚假诉讼：

（1）放贷人及其关联关系人多次到法院起诉的。利用诉讼、诉前保全、财产保全实现非法占有他人财产的目的，是"套路贷"虚假诉讼的本质。"套路贷"违法犯罪分子往往向法院起诉大量民间借贷案件，甚至躲到幕后，通过"马甲"即关联关系人到法院起诉，并通过"债权"转让、买卖合同、租赁合同等掩盖"套路贷"。

（2）系列关联案件当事人本人不到庭较为普遍的。在"套路贷"虚假诉讼中，原告本人大多不到庭参加诉讼，往往由其代理人根据证据材料"构造"相应借贷事实。而被告不到庭应诉，有的是因为被告不堪其扰在外"躲债"，有的是因为受胁迫不敢应诉，有的是因为原告故意不提供被告准确住址致使法

院无法有效送达。

（3）系列关联案件相关原告提供"形式证据"十分完备的"借款合同"及相对应的"交付凭证"，表面上形成完整"证据链条"的。在"套路贷"虚假诉讼中，借款合同多是填空式的打印合同，原告往往能提供完整的"银行流水"或者被告清点钱款的视频和照片。而有的被告因受胁迫不敢抗辩或者先有抗辩后又主动承认借款事实，有的因放贷人只接受现金还款且不出具收条，致使被告无法证明已还款事实。

（4）系列关联案件大量存在多份借条、指示交付、款项多次流转的。在"套路贷"虚假诉讼中，往往存在被告出具的多份借条，这些借条格式、内容近似，原告声称系被告多次不同借款的证据，但实际上是同一笔借款出具了多份借条。此外，原告有时会将款项打入第三人账户，或者打入被告账户后，又多次进行了流转，这些第三人通常是放贷人的关联关系人，款项多次流转通常会形成闭环，最终返回到放贷人或其关联关系人处。

12.【调解撤诉结案的慎重处理】加大对民间借贷等案件调解协议申请司法确认或者出具调解书的审查力度，发现存在"套路贷"嫌疑的，一律不予支持。

加大对民间借贷等案件诉前、诉中保全申请的审查力度，发现存在"套路贷"嫌疑的，一律不予支持。原告申请撤诉的，不予准许。

四、严格依法处理，确保司法公正

13.【准确把握"套路贷"法律标准】要按照最高人民法院、最高人民检察院、公安部、司法部《关于办理"套路贷"刑事案件若干问题的意见》，严格把握法律界限，正确区分"套路贷"违法犯罪与民间借贷等民事案件，准确适用法律，公正处理相关案件。

14.【"套路贷"虚假诉讼的处理】对于正在审理的民间借贷等案件，确属"套路贷"虚假诉讼的，要依照《最高人民法院关于在审理经济纠纷案件中涉及经济犯罪嫌疑若干问题的规定》《最高人民法院关于审理民间借贷案件适用法律若干问题的规定》，裁定驳回起诉，及时将涉嫌犯罪的线索、材料移送公安机关。

对于已结民间借贷等案件，经排查确属"套路贷"虚假诉讼的，要依法启动审判监督程序，撤销原审生效裁判，裁定驳回起诉，及时将涉嫌犯罪的线索、材料移送公安机关。

对于已经进入执行程序的民间借贷等案件，确属"套路贷"虚假诉讼的，要依法裁定中止执行，并将执行依据移交相关审判业务部门启动审判监督程序纠正，及时将涉嫌犯罪的线索、材料移送公安机关。

15.【"套路贷"虚假诉讼的及时纠正】对于"套路贷"虚假诉讼案件，一经发现，要第一时间启动审判监督程序予以纠正，不得以公安机关没有结论、尚无生效刑事判决认定等为由不及时纠错。

16.【"套路贷"关联案件审查的范围】经审查，确属"套路贷"虚假诉讼的，要把与该放贷人关联的全部民间借贷等案件进行复查，并启动审判监督程序予以纠正。

对已进入刑事诉讼程序的涉嫌"套路贷"犯罪的放贷人，要把与其关联的全部民间借贷等案件立案复查，并依法纠正。

对已因帮助、纵容"套路贷"违法犯罪而被追究刑事责任的审判人员，对其承办的相关民间借贷等案件涉及虚假诉讼的应依法提起再审，坚决纠正。

17.【民间借贷等案件的依法处理】经审查，民间借贷等案件属于正常民事纠纷的，要依法审理、执行，切实保护当事人合法的民事权益。

经审理，原告确系职业放贷人或其关联关系人的，其放贷行为违反《中华人民共和国银行业监督管理法》第十九条规定的"不得设立银行业金融机构或者从事银行业金融机构的业务活动"情形，借贷合同应认定无效。

18.【加大民事制裁力度】人民法院在审理民间借贷案件过程中，发现诉讼参与人或其他人存在虚假陈述，篡改、伪造、毁灭证据，阻碍证人作证，指使证人作伪证等妨害民事诉讼行为的，应当依照《中华人民共和国民事诉讼法》《最高人民法院关于适用〈中华人民共和国民事诉讼法〉的解释》的相关规定，依法予以罚款、拘留；涉嫌犯罪的，应及时将相关线索、材料移送公安机关。

河南省高级人民法院
印发《关于加强职业放贷人审查工作的指导意见（试行）》的通知

（2019年7月30日）

全省各中级人民法院、基层人民法院，郑州铁路运输中级法院和基层法院：

现将《关于加强对职业放贷人审查工作的指导意见（试行）》印发给你们，请认真遵照执行。执行中遇到的问题，请及时报告省法院。

附：

关于加强职业放贷人审查工作的指导意见（试行）

为进一步规范民间借贷行为，维护金融市场秩序，切实保障人民群众合法权益，倡导社会主义核心价值观，现就加强人民法院对职业放贷人的审查工作提出如下意见：

第一条 全省各级法院在与民间借贷有关的民事案件审理过程中，要高度重视对职业放贷人的审查和甄别，依法切断职业放贷人通过诉讼实现非法高额收益的渠道，严格防范"高利贷"等非法借贷活动，维护良好的经济、金融运行秩序。

第二条 未经有权机关依法批准，法人、非法人组织或者自然人在一定期间内多次从事与发放贷款业务相同或类似的民间借贷行为的，一般应认定为职业放贷人。对虽非同一出借人起诉的案件，如果该出借人与其他出借人之间具有关联关系，且符合上述行为特征，也应认定为职业放贷人。

第三条 对关联出借人应着重从以下方面进行审查：

（一）是同一单位的实际控制人、法定代表人、股东、工作人员，或者具有其他关联关系；

（二）具有亲属、朋友或其他密切关系；

（三）出借资金来源于同一个人或单位；

（四）通过债权转让的方式掩盖同一出借人的事实；

（五）借款合同、借据采用格式条款，且形式及内容高度近似。

第四条 人民法院应加强对疑似职业放贷行为的审查。对借款人主张出借人系职业放贷人的，应及时通过审判管理系统进行关联案件检索，按本意见第二条、第三条的规定进行审查。

第五条 各中级、基层人民法院应严格监控疑似职业放贷人提起的民间借贷诉讼案件。认定职业放贷人后，对其提起的民间借贷纠纷案件，应当按照《中华人民共和国民法总则》第一百五十三条、《中华人民共和国合同法》第五十二条、《中华人民共和国银行业监督管理法》第十九条的规定认定借贷合同无效。

第六条 职业放贷人的放贷行为涉嫌非法吸收公众存款、虚假诉讼、“套路贷”等刑事犯罪的，应当按照相关法律及司法解释的规定，依法及时将涉嫌犯罪的线索、材料移送公安机关。

第七条 各中级人民法院审判委员会可以根据本地区的实际情况制定职业放贷人的具体认定标准；对本辖区内认定的职业放贷人名单应及时向省法院报送，并抄送所在地的政法委员会、检察院、公安局、仲裁委员会、金融监管部门和税务部门；职业放贷人为公职人员的，还应当抄送其所在单位和同级纪检监察部门。

第八条 本意见自发布之日起施行。

浙江省高级人民法院　浙江省人民检察院　浙江省公安厅

印发《关于办理"套路贷"相关刑事案件若干问题的纪要》的通知

2019年7月24日　　浙高法〔2019〕117号

各市、县（市、区）人民法院、人民检察院、公安局：

省高级人民法院、省人民检察院、省公安厅于日前对办理"套路贷"相关刑事案件若干问题进行了讨论，形成了纪要，现予印发，请遵照执行。执行中遇有问题请及时报告上级主管部门。

附：

关于办理"套路贷"相关刑事案件若干问题的纪要

为了持续深入开展扫黑除恶专项斗争工作，精准打击"套路贷"有关犯罪活动，根据法律和有关司法解释、规范性文件的规定，结合浙江实际，对办理"套路贷"相关刑事案件若干问题纪要如下：

一、准确界定"套路贷"的构成要素

1. 以非法占有为目的，假借民间借贷之名，以低息、无抵押、快速放贷等为诱饵，诱使或者迫使被害人签订"借贷"或变相"借贷"等相关协议，通过收取"家访费""调查费""保证金""中介费""行规费""安装费""利息""砍头息"等一种或者多种费用，虚增贷款金额、制造虚假给付痕迹、

恶意制造认定违约、多平台借款平账、毁匿还款证据等一种或者多种方式设置“套路”形成虚假债权债务关系的，属于“套路贷”。

“套路贷”案件通常伴有非法讨债的情形，但不是“套路贷”的构成要素。“套路”多少不影响“套路贷”的认定。没有使用“套路”的，不属于“套路贷”。

二、准确把握“套路贷”的本质

2. 以非法占有为目的，是“套路贷”的本质属性。在“套路贷”案件中，只要有“套路”，就可认定非法占有目的。

3. 行为人收取名目繁多的费用，虚增贷款金额、故意设置不平等条款等明显不符合民间借贷习惯，无论对方是否明知，均不影响行为人非法占有目的的认定。

三、准确认定“套路贷”的行为性质

4. 具备“套路贷”的构成要素，设置各种“套路”骗取他人财物的，以诈骗罪论处。

“套路贷”一般以合同形式表现，但不应以合同诈骗罪论处。诈骗不成，反被对方所骗的，不影响诈骗罪的认定。

四、准确区分一罪和数罪

5. 实施“套路贷”过程中，行为人以非法占有为目的，虚构事实、隐瞒全部或者部分真相，通过诉讼、仲裁等手段，骗取他人财物的，以诈骗罪定罪处罚。

6. 实施“套路贷”过程中，行为人针对同一人实施敲诈勒索、强迫交易、抢夺、抢劫、寻衅滋事等侵财型手段非法占有他人财物的，一般以牵连犯择一重罪处罚；针对不同人的，一般应数罪并罚。

7. 实施“套路贷”过程中，行为人通过实施故意杀人、故意伤害、绑架、非法拘禁、寻衅滋事等非侵财型手段非法占有他人财物的，一般应数罪并罚。

五、准确认定共同犯罪

8. 明知他人实施“套路贷”，帮助制定相关格式文本、传授如何制造虚假债务证据的方法或者提供其他帮助的，符合共同犯罪相关规定的，以诈骗罪共犯论处。

9. 仅参与采用非法手段讨债或以虚假事实提起诉讼、仲裁，构成犯罪的，以其具体行为构成的相关犯罪论处。

六、准确认定犯罪数额及既未遂论处情形

10. 在认定"套路贷"犯罪数额时，应准确把握"套路贷"犯罪非法占有他人财物的本质特征，予以整体否定性评价。

11. 实施"套路贷"违法犯罪行为所产生的"利息""砍头息"，虽然表现形式是利息，但实质是以非法占有为目的，假借民间借贷之名所产生的违法犯罪所得，均应计入犯罪数额。

12. "虚高债务"和以"利息""砍头息""保证金""中介费""家访费""调查费""服务费""安装费""违约金"等名目约定的费用，均应计入犯罪数额。已经被行为人实际占有的，以相关犯罪既遂论处；尚未实际占有的，可按相关犯罪未遂论处。

13. 行为人实际给付的"本金"，应视为实施"套路贷"的犯罪工具予以没收或追缴，但不计入犯罪数额。

如果被害人从行为人处收到的"本金"数额大于其后来实际交给行为人"利息""费用"等累计的金额，则差额部分可以从被害人处追缴。在案件侦查过程中，公安机关应注重追缴差额部分。

如果行为人采用掩盖被害人已归还部分借款的事实，以借贷合同上借款金额提起诉讼、仲裁的，被害人已归还的部分借款金额应视为诈骗犯罪既遂的数额。借贷合同上借款金额不计入犯罪数额，但超过借贷合同金额的"利息"应当计入犯罪数额。如果行为人已经非法占有相应"利息"，则利息计入诈骗犯罪既遂数额；如果尚未非法占有相应"利息"，则"利息"计入诈骗未遂数额。

七、准确把握酌情从重处罚情节

14. 行为人实施"套路贷"造成被害人或者特定关系人自杀、死亡、精神失常或为偿还虚高债务而实施违法犯罪活动等严重后果的，对行为人酌情从重处罚。

15. 多个行为人实施"套路贷"造成同一被害人或特定关系人自杀、死亡、精神失常、为偿还虚高债务而实施违法犯罪活动等严重后果，若能确定具体行为人的，对相关行为人酌情从重处罚；若不能确定具体行为人的，对全部行为人酌情从重处罚。

八、坚决贯彻宽严相济刑事政策

16. 在办理"套路贷"相关刑事案件过程中，坚决贯彻宽严相济刑事政策。对于"套路贷"涉黑恶案件，在侦查、起诉、审判、执行各阶段体现依法从严惩处精神。

对于"套路贷"相关犯罪的主犯、"保护伞"或采用虚假诉讼手段实施"套路贷"的，要从严惩处；对从犯、特别是被动参与"套路贷"犯罪、年纪较轻且犯罪情节较轻或认罪态度好的，要从宽处罚。

认罪认罚从宽处罚是宽严相济刑事政策的一个重要方面，认罪认罚一般应从宽处罚；但认罪认罚是否从宽及从宽的幅度要综合考量。

九、施行日期

17. 本纪要自2019年7月24日起施行。

江苏省高级人民法院　江苏省人民检察院　江苏省公安厅

关于建立健全严厉打击"套路贷"违法犯罪沟通协调机制的意见

（2019年6月18日）

民间借贷拓宽了市场主体融资渠道，一定程度上解决了部分社会融资需求，促进了多层次信贷市场的形成和发展，对民间借贷应当依法予以保护。但是，当前假借民间借贷之名，通过实施"套路贷"非法占有被害人财物的违法犯罪活动日益猖獗，严重侵害了人民群众人身财产安全，扰乱了金融市场秩序，影响了社会稳定。为加强全省民间借贷案件的审查甄别，依法惩处"套路贷"违法犯罪，推动"扫黑除恶"专项斗争深入开展，维护金融秩序和社会稳定，根据最高人民法院、最高人民检察院、公安部、司法部《关于办理"套路贷"刑事案件若干问题的意见》的规定，结合工作实际，制定如下意见：

一、准确把握"套路贷"与民间借贷、"高利贷"、非法讨债的界限

（一）"套路贷"是出借人假借民间借贷之名，通过诱使或迫使被害人签订金额虚高"借贷"协议、虚增借贷金额、恶意制造违约、肆意认定违约、隐匿还款证据等方式形成虚假债权债务，并借助诉讼、仲裁、公证或者采用暴力、威胁以及其他手段非法占有他人财物的违法犯罪活动。

（二）民间借贷是平等主体的当事人之间基于真实意愿的直接资金融通行为，出借人出借款项的目的是为了到期按照协议约定收回本金并获取利息收益。"高利贷"是民间借贷中出借人以获取超过法定利率红线的高额利息为目的而出借款项的行为。

（三）民间借贷、"高利贷"与"套路贷"有着本质区别。民间借贷、"高利贷"中的债权债务关系基于当事人意思自治而形成，借款人在签订借贷合同时对借款本金之外的利息部分金额是明知的，出借人不具有通过"套路"非法占有他人财物的目的。

（四）"套路贷"违法犯罪往往存在非法讨债情形，但仅存在非法讨债情形，出借人不具有非法占有目的，也未使用"套路"与借款人形成虚假债权债务的，不应视为"套路贷"。

（五）司法实践中，"套路贷"违法犯罪常见"套路"包括但不限于以下情形：

1. 签订金额虚高的"借贷"协议

（1）放贷人以"小额贷款公司""投资公司""咨询公司""担保公司""网络借贷平台"等名义对外宣传，以低息、无抵押、无担保、快速放款为诱饵，继而以"保证金""行规"等虚假理由诱使借款人基于错误认识签订金额虚高的"借贷"协议；

（2）放贷人利用借款人急需资金周转，诱使或迫使借款人在空白借款合

同上签字，或者签订"阴阳合同"，或者一笔借款出具多份借条，从而形成金额虚高的"借贷"协议；

（3）放贷人以借款人先前借贷构成违约为由，迫使借款人在重新借款时签订金额虚高的"借贷"协议；

（4）放贷人出借款项时不与借款人签订借款合同或要求借款人出具借条，而与借款人签订其他合同，如买卖合同、租赁合同等，再由借款人出具金额虚高的欠条。

2. 制造资金虚假给付事实

（1）放贷人制造已将全部借款交付借款人的银行流水痕迹，随后采取各种方式将全部或部分资金收回；

（2）放贷人出借款项未实际交付，但通过迫使借款人出具收条、让借款人捧着现金拍照等方式制造款项以现金交付的假象；

（3）放贷人将出借款项交付借款人后，又迫使借款人将款项交付放贷人的关联关系人，而借款人与放贷人的关联关系人并无债权债务关系。

3. 恶意垒高"债务"数额

（1）放贷人在借款人还款后不出具凭证、不归还借据，并以借据再次主张"权利"；

（2）放贷人在借款人归还部分款项后，迫使借款人重新签订"借贷"协议或者出具"借条"，但对已归还款项不予扣除；

（3）放贷人在借款人无力偿还"借款"时，安排关联关系人为借款人"偿还借款"，继而与借款人签订金额更大的"借贷"协议；

（4）放贷人故意设置违约陷阱、制造还款障碍，恶意制造借款人违约，或者通过肆意认定违约，收取高额违约金。

4. "套路"第三人承担"还款"责任

（1）放贷人明知是建设工程实际施工人的个人虚高债务，但通过制造"表见代理""表见代表"假象，将"债务"恶意转嫁给有关建筑企业；

（2）放贷人明知是企业分公司负责人的个人虚高债务，但通过诱使或迫使借款人在"借贷"协议上加盖分公司印章等方式，将"债务"恶意转嫁给企业；

（3）放贷人在借款人无力偿还"借款"时，安排关联关系人提供"过桥资金"为借款人"偿还借款"，并诱使或迫使借款人让他人为"过桥资金"提供担保，将"债务"恶意转嫁给担保人。

5. 通过各种方式非法讨债

（1）放贷人以暴力或者"软暴力"方式向借款人或者借款人的特定关系人讨债；

（2）放贷人通过虚假诉讼方式讨债。这类"诉讼"往往表现为原告非实际出借人、借款人被放贷人控制而不作抗辩、表面证据完备等特点。

二、加强对民间借贷案件的审查甄别

（一）"套路贷"通常披着民间借贷外衣，作案手法隐蔽，事实难以认定。人民法院审理民间借贷案件，要切实提高对"套路贷"违法犯罪的警觉，加强对民间借贷案件的审查甄别，坚决防范违法犯罪分子利用诉讼程序将非法利益合法化。对存在下列情形的案件，要重点审查甄别：

1. 原告为疑似职业放贷人或其实际控制的关联关系人的；

2. 原告系从疑似职业放贷人或其实际控制的关联关系人处受让债权的；

3. 原告未起诉借款人而向他人（如案涉借款担保人）主张权利的；

4. 原告本人无正当理由拒不到庭应诉的；

5. 被告下落不明或未应诉的；

6. 被告对原告诉讼请求予以认可或未作抗辩的；

7. 被告抗辩原告非实际出借人或出借款项未实际交付或已归还出借款项的；

8. 借贷合同为统一格式的；

9. 原告提供的证据虽完备，但不符合常理的；

10. 原告主张出借款项以现金交付，数额超过 5 万元的；

11. 款项出借或本息归还存在指示交付或委托交付情形的；

12. 其他可能影响债权合法性、真实性判断的情形。

（二）人民法院在民间借贷案件审查甄别过程中，要加强关联案件查询，必要时传唤当事人本人到庭接受询问，原告本人无正当理由拒不到庭的，可以驳回其诉讼请求。要加大对借贷事实和证据的审查力度，严格审查借贷发生的原因、时间、地点、款项来源、交付方式、款项流向、还款情况以及原告经济状况、当事人关系、当事人财产变动、交易习惯等事实，综合判断借贷的真实情况。要准确理解和适用《最高人民法院关于审理民间借贷案件适用法律若干问题的规定》关于举证责任的规定，在法官对借贷合法性、真实性产生合理怀疑的情况下，要加大原告的举证责任。要加强人民法院依职权调查取证，尽可能查明案件事实。

（三）人民法院经审查，发现民间借贷行为本身涉嫌“套路贷”刑事犯罪的，应当按照《最高人民法院关于在审理经济纠纷案件中涉及经济犯罪嫌疑若干问题的规定》《最高人民法院关于审理民间借贷案件适用法律若干问题的规定》，裁定驳回起诉，并及时将涉嫌犯罪的线索、材料移送同级公安机关。对已按普通民间借贷案件作出生效裁判后，借贷行为被认定构成“套路贷”刑事犯罪的，人民法院应当及时通过审判监督程序予以纠正。

（四）人民法院经审查，发现民间借贷存在非法讨债行为，但民间借贷行为本身不涉嫌犯罪的，应当继续审理。非法讨债行为涉嫌犯罪的，人民法院应当及时将相关线索、材料移送同级公安机关。

（五）人民法院经审查，发现属于虚假诉讼的，按照《最高人民法院关于审理民间借贷案件适用法律若干问题的规定》第二十条处理。

（六）对于不涉及“套路贷”和虚假诉讼的民间借贷案件，人民法院在审理过程中，要从严掌握法定利率红线，对存在“利滚利”“砍头息”以及以管理费、咨询费、服务费、延期费、保证金、违约金等为名突破法定利率红线情形的，要依法准确认定借款本金数额和高额利息扣收事实，正确认定合同效力。

三、建立疑似职业放贷人名录制度，实现信息共享

（一）各基层人民法院要根据自身实际，建立疑似职业放贷人名录制度，加强对疑似职业放贷人或其实际控制的关联关系人起诉的民间借贷案件的审查。

（二）各基层人民法院确定疑似职业放贷人名录后，应经中级人民法院汇总后报至省高级人民法院，同时抄送当地检察机关、公安机关和金融监管部门。疑似职业放贷人名录中有公职人员的，应当抄送当地纪检监察部门和当事人所在单位。

（三）疑似职业放贷人名录实行动态管理，每年更新一次。

（四）疑似职业放贷人名录仅供人民法院及相关协作单位内部掌握，不对外公示。

四、建立健全办案沟通协作机制，形成工作合力

（一）对于人民法院移送的有明确线索的涉嫌“套路贷”刑事犯罪案件，公安机关应当在三十日内作出立案或者不立案决定，并反馈移送法院。不予立案的，应当在作出不立案决定之日起七日内，以书面形式向移送法院说明不立案理由。

（二）人民法院向公安机关移送涉嫌“套路贷”刑事犯罪案件，应同时将移送函抄送同级人民检察院。公安机关对移送案件应当立案而不予立案的，人民检察院应当通知公安机关立案，并将监督情况反馈移送法院。

（三）公安机关在办理刑事案件过程中，发现相关联的民间借贷案件已经作出生效民事裁判的，要及时将刑事案件办理情况告知相关人民法院。人民法院应当依法及时予以处理，并在三十日内反馈至公安机关。

（四）人民检察院经审查认为民间借贷案件涉嫌“套路贷”刑事犯罪，可能导致原审裁判、调解或者执行错误的，应当依法提请上级人民检察院抗诉或者向同级人民法院提出检察建议，人民法院应当依法及时处理。

山东省高级人民法院
印发《关于黑恶势力刑事案件审理的工作规范》的通知

2019年5月30日　　　　鲁高法〔2019〕27号

各市中级人民法院、济南铁路运输中级法院：

《关于黑恶势力刑事案件审理的工作规范》已经山东省高级人民法院审判委员会全体会议2019年第11次会议讨论通过，现印发给你们，请认真贯彻执行。

附：

山东省高级人民法院

关于黑恶势力刑事案件审理的工作规范

为规范黑恶势力刑事案件审理工作，根据刑法、刑事诉讼法及有关司法解释、规范性文件的规定，结合我省实际，制定本工作规范。

第一条 严格案件受理审查。对提起公诉的第一审黑恶势力刑事案件，人民法院在收到起诉书和案卷、证据后，除依照《最高人民法院关于适用〈中华人民共和国刑事诉讼法〉的解释》第一百八十条的规定进行审查外，还应审查以下内容：

（一）被告人是否为中共党员、人大代表、政协委员、基层党组织成员、国家工作人员，是否附有相关证明材料。

（二）对于采取技术侦查措施收集的证据材料，是否附有采取技术侦查措施的批准决定书等书面材料。

（三）是否查封、扣押、冻结被告人的违法所得或者其他涉案财产，是否有证明涉案财产来源、性质、价值、权属、名称、数量、处置情况的证据材料。

（四）是否列明被害人的姓名、住址、联系方式，是否有户籍证明等身份证明材料。

第二条 及时报告案件受理信息。人民法院对提起公诉的黑恶势力刑事案件依法受理后，应当同时报告同级扫黑办和上级法院，并层报省法院备案。

第三条 认真做好庭前准备工作。开庭审理黑恶势力刑事案件前，人民法院应当进行下列工作：

（一）确定审判长及合议庭组成人员。黑恶势力刑事案件由中、基层人民法院院长担任审判长。社会影响重大的案件，应当依法由法官三人与人民陪审员四人组成合议庭进行审理。

（二）告知被告人可以委托辩护人。对于被告人没有委托辩护人的，应当通知法律援助机构指派律师为其提供辩护。

（三）审理黑恶势力刑事案件，应当通知对辩护律师所属事务所具有监督管理权限的司法行政机关派员旁听。

第四条 组织召开庭前会议。人民法院审理黑社会性质组织和重大恶势力集团刑事案件，应当召开庭前会议。其他恶势力刑事案件，根据审理需要，可以召开庭前会议。召开庭前会议三日前，应当将庭前会议方案报告同级扫黑办，并层报省法院备案。

第五条 认真制定庭审方案。开庭审理前，审判人员应当制定详细的庭审提纲、庭审预案。庭审预案包括开庭审理计划、安全保卫、后勤保障、宣传报道、突发情况处置等事项。黑社会性质组织和重大恶势力集团刑事案件，还应制定“三同步”方案。庭审提纲、庭审预案、“三同步”方案，应当在开庭审理三日前层报省法院。“三同步”方案应当在开庭审理三日前报同级扫黑办。

第六条 认真组织旁听。公开审理的有重大社会影响的黑社会性质组织和重大恶势力集团刑事案件，可以邀请党代表、人大代表、政协委员、特邀监督员、专家学者，以及有关业务主管部门人员旁听。

第七条 认真组织法庭调查。法庭调查应当严格按照《人民法院办理刑事案件第一审普通程序法庭调查规程（试行）》的规定进行。区分黑社会性质组织实施的犯罪和个人实施的犯罪，分别进行调查。对于黑社会性质组织罪的调查，按照先具体犯罪、后黑社会性质组织罪的顺序进行。

对指控的犯罪事实调查结束后，应当对涉案财产情况进行专门调查，组织控辩双方对涉案财产情况进行举证、质证，查清涉案财产的来源、性质、价值、权属、名称、数量、处置情况等。

第八条 切实做好证人、鉴定人出庭保护工作。开庭审理时，证人、鉴定人因出庭作证，本人或者其近亲属的人身安全面临危险的，应当采取不公开其真实姓名、住址和工作单位等个人信息，或者不暴露其外貌、真实声音等保护措施。必要时，可以进行物理隔离，以音频、视频传送的方式作证，并对声音、图像进行技术处理。依法决定不公开证人、鉴定人真实姓名、住址和工作单位等个人信息的，应当在开庭前核实其身份。证人、鉴定人签署的如实作证保证书应当列入审判副卷，不得对外公开。

被害人出庭参加诉讼的，参照上述规定。

第九条 认真组织法庭辩论。法庭调查结束后，审判长应当组织控辩双方就定罪、量刑的事实、证据和法律适用等问题进行辩论。法庭辩论中，应当组织控辩双方就涉案财产处置进行专门辩论。恶势力刑事案件的被告人及其辩护人对是否构成恶势力提出异议的，可以组织控辩双方进行专门辩论。

第十条 认真组织案件讨论研究。庭审结束后，合议庭及时进行认真评议，提出案件处理意见。黑社会性质组织和重大恶势力集团刑事案件，合议庭提出处理意见后，应当组织刑事专业法官会议进行讨论，并提交审判委员会讨论决定，形成案件处理意见，并层报省法院。

第十一条 稳妥组织案件宣判。黑社会性质组织和重大恶势力集团刑事案件，宣判前应当制定"三同步"方案，报同级扫黑办，并层报省法院。

第十二条 认真落实提前介入机制。对重大敏感黑恶势力刑事案件，可以在侦查、起诉阶段及时主动提前介入，深入研究案件事实和性质，对重大问题及时提出意见建议。

第十三条 认真落实案件会商和联席会议机制。案件审理中，在事实证据、性质认定等方面，与检察机关存在重大分歧时，应当协调法、检两院相关人员进行案件会商，必要时提交当地扫黑办，组织召开联席会议，最大限度形成共识，确保原则问题解决在起诉前、庭审前和判决前。

第十四条 健全线索排查、转办机制。刑事审判、民商事审判、行政审判、申诉信访和执行部门协作联动，深入排查涉黑涉恶及其"保护伞""关系网"等线索，及时报扫黑办，由扫黑办转交有管辖权的办案机关查处。

第十五条 加强司法建议工作。在审理黑恶势力犯罪案件中，认真查找案件反映出的行业管理漏洞，及时向相关部门提出有针对性的司法建议，加强跟踪问效，督促相关部门改进工作。同时，将司法建议及跟踪问效情况层报省法院。

第十六条 本工作规范自印发之日起施行。

吉林省高级人民法院　吉林省人民检察院　吉林省公安厅

关于印发《关于办理"套路贷"刑事案件的指导意见（试行）》的通知

2018年8月22日　　　　　　　　　　　　吉高法〔2018〕103号

全省各级法院、检察院、各市（州）、县（市、区）公安局、长白山公安局：

为统一执法思想，提高执法质效，依法、准确、有力惩治"套路贷"犯罪，省高级人民法院、省人民检察院、省公安厅制定了《关于办理"套路贷"刑事案件的指导意见（试行）》。现印发给你们，请认真遵照执行，执行中遇有问题及时报告上级主管部门。

附：

关于办理"套路贷"刑事案件的指导意见

为依法惩治"套路贷"犯罪活动，提高办案质量和水平，保护公民、法人和其他组织的合法权益，维护社会秩序，根据《中华人民共和国刑法》《中华人民共和国刑事诉讼法》、"两高两部"《关于办理黑恶势力犯罪案件若干问题的指导意见》等法律、法规和有关司法解释规定，结合全省工作实际，制定本意见。

一、"套路贷"犯罪的概念及特征

"套路贷"犯罪是指行为人以非法占有为目的，假借民间借贷之名，利用被害人急需资金，通过“虚增债务”“签订虚假借款协议”“制造资金走账流水”“肆意认定违约”“转单平账”“收取高额费用”等方式，采用欺骗、胁迫、滋扰、纠缠、非法拘禁、敲诈勒索、虚假诉讼等手段，非法占有公私财物的行为。

“套路贷”犯罪的特征：

（一）“套路贷”犯罪通常具有民间借贷的表象，犯罪嫌疑人、被告人与被害人签订借款合同、抵押合同、委托合同等，司法机关易当成民间借贷纠纷处理。但该类犯罪嫌疑人、被告人通常以“违约金”“保证金”“中介费”“服务费”“行业规矩”等各种名义骗取被害人签订虚高借款合同、阴阳借款合同、房屋抵押合同等明显不利于被害人的各类合同，甚至利用被害人急于借款的心里，欺骗被害人直接签署空白合同，使被害人处于法律上完全不利的境地。

（二）签订合同后，犯罪嫌疑人、被告人按照虚高的合同借款金额向被害人账户全额转账，形成银行流水与合同一致的证据，再要求被害人立即取现，以现金方式支付所谓的手续费、介绍费、中介费等，或以其他名义诱骗被害人将虚高部分取出交给犯罪嫌疑人、被告人。

（三）犯罪嫌疑人、被告人诱导被害人签订具有单方违约陷阱的合同，或通过不接电话、不回信息及系统故障等方式导致被害人在约定期限内客观上无法还款，进而以被害人违约为名要求偿还高额违约金、滞纳金、手续费等。

（四）在被害人无力偿还的情况下，犯罪嫌疑人、被告人通过介绍第三方帮助被害人“转单平账”的方式，由第三方与被害人重新签订虚高借款合同，进一步垒高借款金额，致使被害人短时间内债务快速增长。

（五）当被害人的债务积累到一定程度后，犯罪嫌疑人、被告人通过暴力、胁迫等手段向被害人施加压力以获得财物，或者以被害人签订的违背意思表示的各种合同向法院提起民事诉讼，以民事判决的形式实现侵占被害人合法财产的目的，并以民事纠纷为名规避打击。暴力手段包括但不限于所谓的“谈判”“协商”“调解”以及滋扰、纠缠、哄闹、聚众造势等使被害人产生心理恐惧或形成心理强制等“软暴力”手段。

二、办理“套路贷”刑事案件的总体要求

“套路贷”犯罪严重侵害人民群众财产安全和其他合法权益，严重扰乱金

融市场秩序，严重妨害司法公正，严重影响人民群众安全感和社会和谐稳定，社会危害性大，人民群众反映强烈。全省各级法院、检察院、公安机关要对“套路贷”犯罪坚持全链条全方位打击，坚持依法从重惩处，坚持最大限度追赃挽损，进一步健全工作机制，坚决有效遏制“套路贷”犯罪活动，努力实现政治效果、法律效果、社会效果有机统一。公安机关要依法及时受案、立案和开展侦查工作，对符合移诉条件的一律移送起诉；检察机关在审查逮捕和审查起诉过程中，要严格依法审查，从严掌握不捕和不起诉适用条件，对符合起诉条件的，及时依法提起公诉；法院在审理民间借贷案件中要加大对借贷事实和证据的审查力度，严格区分民间借贷行为与诈骗等犯罪行为，发现涉嫌违法犯罪线索、材料的，依法应当裁定驳回起诉，并将涉嫌犯罪的线索、材料移送公安机关或检察机关。同时，对审理“套路贷”刑事案件被告人，要坚持依法从重惩处，从严掌握缓刑适用条件，注重利用财产刑及涉案财物处置打击“套路贷”犯罪的经济基础。

三、关于“套路贷”刑事案件的定性

（一）对“套路贷”刑事案件的定性，要结合案件的本质特征从整体把握，“套路贷”犯罪的主观目的是非法占有公私财物，部分犯罪主体带有黑恶势力性质，一般情况下应当以侵财犯罪定罪处罚。

（二）犯罪嫌疑人、被告人以“违约金”“保证金”“中介费”“服务费”“行业规矩”等各种名义骗取被害人签订虚高借款合同、阴阳借款合同、房产抵押合同等明显不利于被害人的各类合同或者与被害人进行相关口头约定，制造资金给付凭证或证据，制造各种借口单方面认定被害人“违约”并要求“偿还”虚高借款，在被害人无力“偿还”的情况下，进而通过讨债或者利用其制造的明显不利于被害人的证据向法院提起民事诉讼等各种手段向被害人或其近亲属施压，以实现侵占被害人或其近亲属合法财产的目的，一般情况下应当以侵犯财产类犯罪定罪处罚。对实施上述“套路贷”行为的，可参照以下情形加以认定：

1. 犯罪嫌疑人、被告人实施“套路贷”犯罪时，未采用明显暴力或者威胁手段，被害人依约定交付财产的，则犯罪嫌疑人、被告人的行为从整体上属于以非法占有为目的，虚构事实、隐瞒真相骗取被害人财产的诈骗行为，一般可以诈骗罪追究刑事责任。

2. 犯罪嫌疑人、被告人实施"套路贷"犯罪时，既采用了虚构事实、隐瞒真相的诈骗手段，又采用了暴力、威胁、虚假诉讼等手段，同时构成诈骗、抢劫、敲诈勒索、非法拘禁、虚假诉讼等多种犯罪的，依据刑法的规定数罪并罚或者按照处罚较重的定罪处罚。暴力手段包括但不限于所谓的"谈判""协商""调解"以及滋扰、纠缠、哄闹、聚众造势等使被害人产生心理恐惧或心理强制等"软暴力"手段。

（三）在"套路贷"犯罪案件中，相关犯罪嫌疑人、被告人不明知真实借贷情况，帮助实施故意伤害、非法拘禁或者滋扰被害人及其近亲属正常生活行为，或者帮助捏造事实提起民事诉讼，符合故意伤害罪、非法拘禁罪、寻衅滋事罪、非法侵入他人住宅罪、虚假诉讼罪的构成要件的，对该部分犯罪嫌疑人、被告人以相关罪名追究刑事责任。

四、关于"套路贷"刑事案件共同犯罪的认定

（一）多人共同实施"套路贷"犯罪，犯罪嫌疑人、被告人应对其参与的或组织、指挥的全部犯罪行为承担刑事责任。在其所参与的犯罪环节中起主要作用的，可以认定为主犯；起次要或辅助作用的，可以认定为从犯。有证据证明三人以上组成较为严密和固定的犯罪组织，有预谋、有计划地实施"套路贷"犯罪，已经形成犯罪集团的，应当认定为犯罪集团，对首要分子，应当按照集团所犯的全部罪行处罚。

（二）明知他人实施"套路贷"犯罪的，具有以下情形之一的，以共同犯罪论处，但法律和司法解释另有规定的除外：

1. 协助制造现金支付、银行走账记录、第三方支付记录等虚假给付事实；
2. 协助办理司法公证的；
3. 提供资金、场所、交通等帮助的；
4. 协助以虚假事实提起民事诉讼的；
5. 非法出售、提供公民个人信息的；
6. 为规避打击帮助犯罪嫌疑人出谋划策的；
7. 帮助、掩饰、隐瞒转移犯罪所得及其产生收益，套现、取现的；
8. 中介人员长期参与"套路贷"犯罪活动的；
9. 其他符合共同犯罪的情形。

上述规定的"明知他人实施'套路贷'犯罪"，应当结合被告人的认知能

力、既往经历、行为次数和手段、与他人关系、获利情况、是否因"套路贷"犯罪受过处罚、是否故意规避调查等主客观因素进行综合分析认定。

五、犯罪数额认定和涉案财物处理

（一）在"套路贷"犯罪数额的认定上，要把握"套路贷"行为的犯罪本质，将其与民间借贷区别开来，从整体上对其予以否定性评价。除了被害人实际收到的本金外，虚高的本金、双方约定的利息以及被告人在借贷过程中以"违约金""保证金""中介费""服务费"等名义扣除或收取的额外费用均应作为犯罪数额予以认定。

（二）犯罪嫌疑人、被告人已将违法所得财物用于清偿债务或者转让给他人，具有下列情形之一的，应当依法追缴：

1. 对方明知是违法所得财物而收取的；

2. 对方无偿取得违法所得财物的；

3. 对方以明显低于市场的价格取得违法所得财物的；

4. 对方取得违法所得财物系源于非法债务或者违法犯罪活动的。

他人善意取得"套路贷"违法所得财物的，不予追缴。

（三）司法机关应当对扣押在案的资金的权属及与犯罪行为的关联予以查实，在案件进入后续诉讼程序前提出处理意见建议，并根据法律规定作出相应判决。

重庆市高级人民法院

关于办理"套路贷"犯罪案件法律适用问题的会议纪要

2018年7月4日　　渝高法〔2018〕136号

为依法准确惩治"套路贷"犯罪，保护人民群众合法权益，维护社会治安，2018 年 5 月 21 日，市高法院、市检察院、市公安局相关业务部门召开联席会议，分析当前我市惩治“套路贷”犯罪的工作实际，对“套路贷”犯罪案件法律适用问题进行了讨论研究，并达成了相关共识。现纪要如下：

一、关于“套路贷”犯罪的本质

“套路贷”犯罪是犯罪嫌疑人、被告人以非法占有为目的，假借民间借贷之名，虚构事实、隐瞒真相，与被害人签订“虚假、阴阳借款合同”等明显对其不利的各类合同，通过“制造资金走账流水”“肆意认定违约”“转单平账”等方式“强立债权”“虚增债务”，进而向被害人索要“虚高借款”的行为。犯罪嫌疑人、被告人在向被害人索“债”过程中，还往往采用暴力、胁迫、“软暴力”、虚假诉讼等手段。

“套路贷”表象是民间借贷，本质上是以民间借贷为幌子，诱骗或者迫使被害人陷入借贷圈套，通过各种方式非法占有他人财物的犯罪行为，它与以获取高额利息为目的的高利贷行为存在根本区别。全市公安机关、人民检察院、人民法院要深刻认识“套路贷”犯罪的本质，依法惩治相关犯罪，切实维护社会治安稳定，保护人民群众合法权益。

二、关于“套路贷”犯罪的表现形式

（一）制造民间借贷假象。犯罪嫌疑人、被告人往往以“小额贷款公司”“投资公司”“咨询公司”等名义对外宣传，吸引被害人借款，继而以“违约金”“保证金”“中介费”“行业规矩”等各种名目诱骗被害人签订“虚高借款合同”“阴阳合同”“空白合同”以及房屋抵押合同、房屋买卖委托书等明显不利于被害人的各类合同，制造民间借贷假象。有的犯罪嫌疑人、被告人还要求对前述合同办理公证手续，为之后的虚假诉讼准备证据。

（二）制造资金走账流水。为了制造将全部借款交给被害人的假象，犯罪嫌疑人、被告人将“虚高借款”金额转入被害人的银行账户，制造与借款合同一致的银行流水。实际上，被害人并未取得或者完全取得转入银行账户内的前述钱款。

（三）单方造成违约。犯罪嫌疑人、被告人往往以设置各种违约条款、制造违约陷阱、刻意躲避还款等方式，使被害人不能依照合同还款，造成被害人违约。

（四）恶意垒高借款金额。在被害人无力偿还"虚高借款"时，由犯罪嫌疑人、被告人本人、本公司或者其指定的关联公司、关联人员为被害人偿还"虚高借款"，继而与被害人签订更高额的"虚高借款合同"，犯罪嫌疑人、被告人通过这种"转单平账""以贷还贷"的方式不断垒高借款金额。

（五）软硬兼施，恶意讨债。在被害人无力偿还"虚高借款"的情况下，犯罪嫌疑人、被告人通过暴力、胁迫、"软暴力"、虚假诉讼等手段索取"债务"。

"套路贷"犯罪的主要表现形式包括但不限于上述形式，凡是符合以民间借贷为幌子，非法占有他人财物本质特征的"房贷""车贷""手机贷""校园贷""裸贷"等，都应当认定为"套路贷"犯罪，依法予以打击。

三、关于"套路贷"犯罪的性质认定

对于"套路贷"犯罪，要根据案件具体事实，依照法律规定，准确认定犯罪性质。

（一）犯罪嫌疑人、被告人在实施"套路贷"犯罪过程中，未采用明显暴力或者威胁手段，其行为特征从整体上属于以非法占有为目的，虚构事实、隐瞒真相，骗取被害人财物的诈骗行为，一般可以按照诈骗罪追究刑事责任。

（二）犯罪嫌疑人、被告人在实施"套路贷"犯罪过程中，采用向人民法院提起虚假诉讼的手段占有被害人财物，同时触犯诈骗罪、虚假诉讼罪的，依照处罚较重的规定定罪从重处罚。

（三）犯罪嫌疑人、被告人在实施"套路贷"犯罪过程中，采用暴力、胁迫、威胁、绑架等手段强行索要"债务"，同时构成诈骗罪、抢劫罪、敲诈勒索罪、绑架罪等犯罪的，依照处罚较重的规定定罪处罚。

（四）犯罪嫌疑人、被告人在实施"套路贷"犯罪过程中，有组织地采用滋扰、纠缠、哄闹、聚众造势等手段强行索取"债务"，扰乱被害人及其近亲属正常的工作、生活秩序，同时构成诈骗罪、寻衅滋事罪、敲诈勒索罪、强迫交易罪、非法侵入住宅罪等犯罪的，依照处罚较重的规定定罪处罚。

（五）犯罪嫌疑人、被告人在实施"套路贷"犯罪过程中，采用故意杀人、故意伤害、非法拘禁、故意毁坏财物等手段强行索取"债务"，同时构成诈骗罪、故意杀人罪、故意伤害罪、非法拘禁罪、故意毁坏财物罪等犯罪的，依法数罪并罚。

《刑法》及相关司法解释等对犯罪性质认定另有规定的，依照相关规定认定犯罪性质。

四、关于“套路贷”共同犯罪的认定

“套路贷”犯罪通常由多名犯罪嫌疑人、被告人分工负责，相互配合，共同完成，一般表现为共同犯罪，在认定犯罪组织时，应注意把握以下几点：

（一）三人以上为实施“套路贷”犯罪而组成的较为固定的犯罪组织，应当依法认定为犯罪集团，对组织、领导犯罪集团的首要分子，按照集团所犯的全部罪行处罚。

（二）对有三名以上成员，有明显的首要分子，重要成员较为固定，经常纠集在一起，共同故意实施三次以上“套路贷”犯罪活动的犯罪集团，符合“两高”“两部”《关于办理黑恶势力犯罪案件若干问题的指导意见》规定的恶势力特征的，要依法认定为恶势力犯罪集团。

（三）对于具备《刑法》及相关司法解释等规定的黑社会性质组织特征的“套路贷”犯罪集团，要依法认定为黑社会性质组织。

（四）明知他人实施“套路贷”犯罪，具有以下情形之一的，以共同犯罪论处，但法律及司法解释等另有规定的除外：

1. 制作、提供“套路”方案、规划骗局的；
2. 组织发送“贷款”信息、广告，吸引被害人“借款”的；
3. 提供资金、场所、交通工具、银行卡等帮助的；
4. 帮助获取、出售、提供公民个人信息的；
5. 协助制造资金走账流水的；
6. 协助办理公证的；
7. 担任法律顾问，协助制造证据、捏造事实，向人民法院提起虚假诉讼的；
8. 协助套现、取现、不动产过户等，转移犯罪所得及其产生的收益的；
9. 其他符合共同犯罪的情形。

“明知他人实施‘套路贷’犯罪”，应当结合犯罪嫌疑人、被告人的认知能力、既往经历、行为次数和手段、与他人关系、获利情况、是否因“套路贷”犯罪受过处罚、是否故意规避查处等主客观因素综合分析认定。

五、关于"套路贷"犯罪的数额认定

在认定"套路贷"犯罪数额时，要准确把握"套路贷"犯罪非法占有他人财物的本质特征，将其与民间借贷、高利贷区别开来，从整体上予以否定性评价，应注意把握以下两点：

（一）被害人从犯罪嫌疑人、被告人处实际获得的本金数额，不计入犯罪数额。

（二）犯罪嫌疑人、被告人通过各种手段非法占有的被害人财物和以"违约金""保证金""中介费""服务费""利息"等各种名目从被害人处扣除、收取的费用，均应计入犯罪数额。

六、关于"套路贷"犯罪的涉案财物处理

（一）对被害人从犯罪嫌疑人、被告人处实际获得并使用的本金，应当依法追缴。

（二）犯罪嫌疑人、被告人已将违法所得的财物用于清偿债务或者转让给他人，具有下列情形之一的，应当依法追缴：

1. 对方明知是违法所得财物而收取的；

2. 对方无偿取得违法所得财物的；

3. 对方以明显低于市场的价格取得违法所得财物的；

4. 对方取得违法所得财物系源于非法债务或者违法犯罪活动的；

5. 其他应当依法追缴的情形。

（三）查封、扣押、冻结的被害人资金，一般应在诉讼终结后返还被害人；涉案资金不足以全部返还的，按照被害人的损失数额比例返还。

七、关于宽严相济刑事政策的贯彻

（一）全市公安机关、人民检察院、人民法院要依法从严惩处"套路贷"犯罪分子，特别是在办理黑社会性质组织、恶势力、犯罪集团实施的"套路贷"犯罪案件时，应当依照刑法及司法解释等有关规定，充分运用《刑法》总则关于共同犯罪和犯罪集团的规定，对组织者、领导者、首要分子、骨干分子，依法从重判处。

（二）对犯罪数额特别巨大，肆意挥霍犯罪所得或者归案后拒不交代赃款

去向，造成特别重大经济损失或者致使被害人自杀身亡等严重后果的“套路贷”犯罪分子，依法从重判处。

（三）要加大追赃挽损力度，最大限度地挽回人民群众利益遭受的损失，维护人民群众的合法权益。

（四）要加大财产刑适用和执行力度，使犯罪分子受到经济上的惩罚，充分发挥财产刑的预防犯罪功能。

（五）要严格掌握缓刑适用条件，对于没有退赃退赔的被告人，一般不得适用缓刑。

（六）在坚持依法从严惩处的同时，对于认罪认罚、积极退赃、真诚悔罪，或者具有其他法定、酌定从宽处罚情节的被告人，依法从宽处罚。

安徽省高级人民法院　安徽省人民检察院　安徽省公安厅

关于办理“套路贷”刑事案件的指导意见

2018 年 6 月 15 日　　　　皖高法〔2018〕125 号

各市中级人民法院、人民检察院、公安局，广德、宿松县人民法院、人民检察院、公安局：

为依法惩治“套路贷”犯罪活动，坚决遏制“套路贷”违法犯罪活动的滋生蔓延，切实保护公民、法人和其他组织的合法权益，维护社会秩序和经济秩序，根据《中华人民共和国刑法》《中华人民共和国刑事诉讼法》、最高人民法院、最高人民检察院、公安部、司法部《关于办理黑恶势力犯罪案件若干问题的指导意见》等法律和有关规定，结合本省工作实际制定本意见。

一、总体要求

近年来，随着“现金贷”“信用贷”“车贷”“校园贷”等民间借贷形式的迅速扩张，假借民间借贷之名，通过“虚增债务”“制造资金走账流水”

"肆意认定违约""暴力讨债""转单平账"等方式，采用欺骗、胁迫、滋扰、纠缠、非法拘禁、敲诈勒索、虚假诉讼等手段，非法占有公私财物的"套路贷"违法犯罪日益猖獗。此类犯罪侵害客体多、社会危害大，不仅严重侵害人民群众财产安全和其他合法权益，还严重破坏社会管理秩序、扰乱金融市场秩序，严重妨害司法公正，也是诱发其他暴力犯罪的重要因素，同时，"套路贷"往往与黑恶势力交织，严重影响人民群众安全感和社会和谐稳定。

各级人民法院、人民检察院、公安机关要对"套路贷"犯罪坚持全链条全方位打击，坚持依法从严惩处，注重利用财产刑、依法处置涉案财产铲除"套路贷"犯罪的经济基础，最大限度追赃挽损，降低再犯可能性。进一步健全工作机制，坚决有效遏制"套路贷"犯罪活动，坚持依法办案，坚持法定标准，坚持以审判为中心，加强法律监督，强化程序意识和证据意识，努力实现法律效果、社会效果统一，公安机关要依法及时受案、立案和开展侦查工作，对涉及强立债权，强索债务的群众报案、警情要及时开展调查处理，分析研判，在查办因民间借贷引发的案件时要增强敏感性，深入核查，串并深挖；检察机关在审查逮捕和审查起诉过程中，要从严掌握不批准逮捕和不起诉适用条件，在检察监督中发现的涉嫌"套路贷"违法犯罪的线索要及时移交公安机关；人民法院要坚持依法从重惩处，从严掌握缓刑适用条件，对符合黑势力特征的"套路贷"团伙依法适用黑社会性质组织犯罪、犯罪集团的有关规定从严打击，对处理民事、经济案件中发现的涉嫌"套路贷"违法犯罪的线索要及时移交公安机关。

二、案件定性

（一）对"套路贷"刑事案件的定性，要结合案件的本质特征从整体把握，严格区分与民间借贷的区别，"套路贷"犯罪的主观目的是非法占有公私财物，部分犯罪主体带有黑恶团伙性质。

（二）犯罪嫌疑人、被告人以"违约金""保证金""中介费""服务费""行业规矩"等各种名义骗取被害人签订虚高借款合同、阴阳借款合同、房产抵押合同等明显不利于被害人的各类合同或者与被害人进行相关口头约定，制造资金给付凭证或证据，制造各种借口单方认定被害人"违约"并要求"偿还"虚高借款，在被害人无力"偿还"的情况下，进而通过讨债或者利用其制造的明显不利于被害人的证据向法院提起民事诉讼等各种手段向被害人或其近亲属施压，以实现侵占被害人或其近亲属合法财产的目的，一般情况下应当以侵犯财产类犯罪定罪处罚。对实施上述"套路贷"行为的，可参照以下情形加以认定：

1. 犯罪嫌疑人、被告人实施"套路贷"犯罪时，未采用明显暴力或者威胁手段，被害人依约定交付资金的，则犯罪嫌疑人、被告人的行为从整体上属于以非法占有为目的，虚构事实、隐瞒真相骗取被害人财产的诈骗行为，一般可以诈骗罪追究刑事责任。

2. 犯罪嫌疑人、被告人实施"套路贷"犯罪时，既采用了虚构事实、隐瞒真相的诈骗手段，又采用了暴力、威胁、虚假诉讼等手段，同时构成诈骗、抢劫、敲诈勒索、非法拘禁、虚假诉讼等多种犯罪的，依据刑法的规定数罪并罚或者按照处罚较重的规定定罪处罚。暴力手段包括但不限于所谓的"谈判""协商""调解"以及滋扰、纠缠、哄闹、聚众造势等使被害人产生心理恐惧或心理强制等"软暴力"手段。

（三）在"套路贷"犯罪案件中，相关犯罪嫌疑人、被告人不明知真实借贷情况，帮助实施故意伤害、非法拘禁或者滋扰被害人及其近亲属正常生活行为，或者帮助捏造事实提起民事诉讼，符合故意伤害罪、非法拘禁罪、寻衅滋事罪、非法侵入他人住宅罪、虚假诉讼罪的构成要件的，对该部分犯罪嫌疑人、被告人以相关罪名追究刑事责任。

三、共同犯罪认定

（一）多人共同实施"套路贷"犯罪，犯罪嫌疑人、被告人应对其参与或组织、指挥的全部犯罪行为承担刑事责任，在其所参与的犯罪环节中起主要作用的，可以认定为主犯；起次要或辅助作用的，可以认定为从犯；受雇于"套路贷"公司，未参与犯罪活动的，不应认定为犯罪行为。

（二）明知他人实施"套路贷"犯罪的，具有以下情形之一的，以共同犯罪论处，但法律和司法解释另有规定的除外：

1. 协助制造现金支付、银行走账记录、第三方支付记录等虚假给付事实的；

2. 协助办理司法公证的；

3. 提供资金、场所、交通等帮助的；

4. 协助以虚假事实提起民事诉讼的；

5. 非法出售、提供公民个人信息的；

6. 帮助、掩饰、隐瞒转移犯罪所得及其产生收益，套现、取现的；

7. 中介人员长期参与“套路贷”犯罪活动的；

8. 其他符合共同犯罪的情形。

上述规定的“明知他人实施‘套路贷’犯罪”，应当结合犯罪嫌疑人、被告人的认知能力、既往经历、行为次数和手段、与他人关系、获利情况、是否因“套路贷”犯罪受过处罚、是否故意规避调查等主客观因素进行综合分析认定。

（三）“套路贷”犯罪团伙有组织地实施违法犯罪活动，同时具备《刑法》第二百九十四条第五款中规定的“组织特征”“经济特征”“行为特征”和“危害特征”的，对相关犯罪嫌疑人、被告人，要依法以组织、领导、参加黑社会性质组织罪追究刑事责任，对组织者、领导者应当按照组织所犯的全部罪行处罚。

（四）有证据证明三人以上组成较为严密和固定的犯罪组织，有预谋、有计划地实施“套路贷”犯罪，已经形成犯罪集团的，应当认定为犯罪集团，对首要分子，应当按照集团所犯的全部罪行处罚。

四、犯罪数额认定和涉案财物处理

（一）在“套路贷”犯罪数额的认定上，要把握“套路贷”行为的犯罪本质，将其与民间借贷区别开来，从整体上对其予以否定性评价。除了被害人实际收到的本金外，虚高的本金、双方约定的利息以及被告人在借贷过程中以“违约金”“保证金”“中介费”“服务费”等名义收取的费用均应作为犯罪数额予以认定。

（二）犯罪嫌疑人、被告人已将违法所得财物用于清偿债务或者转让给他人，具有下列情形之一的，应当依法追缴：

1. 对方明知是违法所得财物而收取的；

2. 对方无偿取得违法所得财物的；

3. 对方以明显低于市场的价格取得违法所得财物的；

4. 对方取得违法所得财物系源于非法债务或者违法犯罪活动的。

他人善意取得“套路贷”违法所得财物的，不予追缴。

浙江省高级人民法院　浙江省人民检察院　浙江省公安厅
关于办理"套路贷"刑事案件的指导意见

2018年3月18日　　　　　　　　浙公通字〔2018〕25号

为依法惩治"套路贷"犯罪活动，保护公民、法人和其他组织的合法权益，维护社会秩序，根据《中华人民共和国刑法》《中华人民共和国刑事诉讼法》、两高两部《关于办理黑恶势力犯罪案件若干问题的指导意见》等法律和有关司法解释规定，结合本省工作实际，制定本意见。

一、总体要求

近年来，假借民间借贷之名，通过"虚增债务""签订虚假借款协议""制造资金走账流水""肆意认定违约""转单平账"等方式，采用欺骗、胁迫、滋扰、纠缠、非法拘禁、敲诈勒索、虚假诉讼等手段，非法占有公私财物的"套路贷"犯罪日益猖獗，此类犯罪严重侵害人民群众财产安全和其他合法权益，严重扰乱金融市场秩序，严重妨害司法公正，严重影响人民群众安全感和社会和谐稳定，社会危害性大，人民群众反映强烈。

各级人民法院、人民检察院、公安机关要对"套路贷"犯罪坚持全链条全方位打击，坚持依法从重惩处，坚持最大限度追赃挽损，进一步健全工作机制，坚决有效遏制"套路贷"犯罪活动，努力实现法律效果、社会效果统一。公安机关要依法及时受案、立案和开展侦查工作，对符合移诉条件的一律移送起诉；检察机关在审查逮捕和审查起诉过程中，要严格依法审查，从严掌握不捕和不起诉适用条件，对符合起诉条件的，及时依法提起公诉；法院要坚持依法从重惩处，从严掌握缓刑适用条件，注重利用财产刑及涉案财物处置打击"套路贷"犯罪的经济基础。

二、案件定性

（一）对"套路贷"刑事案件的定性，要结合案件的本质特征从整体把握，"套路贷"犯罪的主观目的是非法占有公私财物，部分犯罪主体带有黑恶团伙性质。

（二）犯罪嫌疑人、被告人以"违约金""保证金""中介费""服务费""行业规矩"等各种名义骗取被害人签订虚高借款合同、阴阳借款合同、房产抵押合同等明显不利于被害人的各类合同或者与被害人进行相关口头约定，制造资金给付凭证或证据，制造各种借口单方面认定被害人"违约"并要求"偿还"虚高借款，在被害人无力"偿还"的情况下，进而通过讨债或者利用其制造的明显不利于被害人的证据向法院提起民事诉讼等各种手段向被害人或其近亲属施压，以实现侵占被害人或其近亲属合法财产的目的，一般情况下应当以侵犯财产类犯罪定罪处罚。对实施上述"套路贷"行为的，可参照以下情形加以认定：

1. 犯罪嫌疑人、被告人实施"套路贷"犯罪时，未采用明显暴力或者威胁手段，被害人依约定交付资金的，则犯罪嫌疑人、被告人的行为从整体上属于以非法占有为目的，虚构事实、隐瞒真相骗取被害人财产的诈骗行为，一般可以诈骗罪追究刑事责任。

2. 犯罪嫌疑人、被告人实施"套路贷"犯罪时，既采用了虚构事实、隐瞒真相的诈骗手段，又采用了暴力、威胁、虚假诉讼等手段，同时构成诈骗、抢劫、敲诈勒索、非法拘禁、虚假诉讼等多种犯罪的，依据刑法的规定数罪并罚或者按照处罚较重的定罪处罚。暴力手段包括但不限于所谓的"谈判""协商""调解"以及滋扰、纠缠、哄闹、聚众造势等使被害人产生心理恐惧或心理强制等"软暴力"手段。

（三）在"套路贷"犯罪案件中，相关犯罪嫌疑人、被告人不明知真实借贷情况，帮助实施故意伤害、非法拘禁或者滋扰被害人及其近亲属正常生活行为，或者帮助捏造事实提起民事诉讼，符合故意伤害罪、非法拘禁罪、寻衅滋事罪、非法侵入他人住宅罪、虚假诉讼罪的构成要件的，对该部分犯罪嫌疑人、被告人以相关罪名追究刑事责任。

三、共同犯罪认定

（一）多人共同实施"套路贷"犯罪，犯罪嫌疑人、被告人应对其参与的或组织、指挥的全部犯罪行为承担刑事责任。在其所参与的犯罪环节中起主要作用的，可以认定为主犯；起次要或辅助作用的，可以认定为从犯。

有证据证明三人以上组成较为严密和固定的犯罪组织，有预谋、有计划地实施"套路贷"犯罪，已经形成犯罪集团的，应当认定为犯罪集团，对首要分子，应当按照集团所犯的全部罪行处罚。

（二）明知他人实施"套路贷"犯罪的，具有以下情形之一的，以共同犯罪论处，但法律和司法解释另有规定的除外：

1. 协助制造现金支付、银行走账记录、第三方支付记录等虚假给付事实；

2. 协助办理司法公证的；

3. 提供资金、场所、交通等帮助的；

4. 协助以虚假事实提起民事诉讼的；

5. 非法出售、提供公民个人信息的；

6. 帮助、掩饰、隐瞒转移犯罪所得及其产生收益，套现、取现的；

7. 中介人员长期参与"套路贷"犯罪活动的；

8. 其他符合共同犯罪的情形。

上述规定的"明知他人实施'套路贷'犯罪"，应当结合被告人的认知能力、既往经历、行为次数和手段、与他人关系、获利情况、是否因"套路贷"犯罪受过处罚、是否故意规避调查等主客观因素进行综合分析认定。

四、犯罪数额认定和涉案财物处理

（一）在"套路贷"犯罪数额的认定上，要把握"套路贷"行为的犯罪本质，将其与民间借贷区别开来，从整体上对其予以否定性评价。除了被害人实际收到的本金外，虚高的本金、双方约定的利息以及被告人在借贷过程中以"违约金""保证金""中介费""服务费"等名义收取的费用均应作为犯罪数额予以认定。

（二）犯罪嫌疑人、被告人已将违法所得财物用于清偿债务或者转让给他人，具有下列情形之一的，应当依法追缴：

1. 对方明知是违法所得财物而收取的；

2. 对方无偿取得违法所得财物的；

3. 对方以明显低于市场的价格取得违法所得财物的；

4. 对方取得违法所得财物系源于非法债务或者违法犯罪活动的。

他人善意取得"套路贷"违法所得财物的，不予追缴。

江苏省人民检察院

关于印发《江苏省人民检察院关于建立黑恶势力犯罪案件办理机制的意见》的通知

(2018 年 2 月 13 日)

各设区市人民检察院，省院机关各部门，南京、徐州铁路运输检察院：

《江苏省人民检察院关于建立黑恶势力犯罪案件办理机制的意见》已经省检察院检委会 2018 年第 2 次会议审议通过，现印发给你们，请认真贯彻执行。执行中注意把握以下三个方面：一要提高政治站位，亮明检察态度，坚决完成好党和人民交付的重大政治任务。要充分认识开展扫黑除恶专项斗争的政治意义、现实意义和历史意义，切实把思想和行动统一到中央的部署要求上来。要坚决完成扫黑除恶专项斗争任务，努力通过专项斗争使涉黑涉恶犯罪得到根本遏制，黑恶势力"保护伞"得以铲除，人民群众安全感、满意度明显提升，为"强富美高"新江苏建设营造安定的社会环境。二要充分发挥检察职能作用，提高办案效率，保障办案质量。全省各级检察院要依法履行审查逮捕和审查起诉职能，形成对各类黑恶势力犯罪的高压态势。要依法快捕快诉，在法定期限内加快办案节奏，对事实清楚的案件 3 日内作出审查逮捕决定，20 日内作出审查起诉决定；疑难复杂案件 5 日内作出审查逮捕决定，一个月内作出审查起诉决定。对于事实清楚、证据确实充分的案件，要简化文书制作，简化程序性内容，突出案件主要事实和关键证据，保障案件快速办理。要准确把握案件审查要点，确保依法查清每一名犯罪嫌疑人在团伙组织中的地位、作用，黑恶势力组织发展、运行、活动的主要方式以及具体违法犯罪事实等，并认真听取辩护意见，依法排除证据矛盾和案件疑点，保障办案质量。三要集中调配办案力量，强化协作配合，确保扫黑除恶专项斗争有力推进。要组织精干力量，调配政治素质高、业务能力强的办案人员，依法快速办理黑恶势力犯罪案件；对涉案人数众多、案情特别复杂的案件，省、市院可以跨区域集中调配办案力量，上下联动、共同攻坚。要畅通情报信息渠道，市县院办理黑恶势力犯罪案件应层报省院备案，对扫黑除恶专项斗争中的重大情况，要及时报告，确保下情上达；对群众关注度高、社会影响大的黑恶势力犯罪案件，省院要依法挂牌督办。要加强与公安、法院等部门的协作配合，建立健全联席会议制度、疑难案件会商制度，统一执法标准，形成打击合力。

各地在执行中遇到的重大问题，请及时层报省院。

附：

江苏省人民检察院
关于建立黑恶势力犯罪案件办理机制的意见

为认真贯彻中央和省委、最高人民检察院扫黑除恶专项斗争部署要求，根据《刑事诉讼法》《人民检察院刑事诉讼规则（试行）》和“两高两部”《关于办理黑恶势力犯罪案件若干问题的指导意见》等规定，结合我省检察工作实际，制定本意见。

第一节　提前介入

第一条【信息知情】　检察机关应当主动了解掌握黑恶势力犯罪案件的立案、破案、强制措施适用、侦查进展等情况，梳理需要提前介入的案件情况，为指导帮助完善证据做好准备。

第二条【介入范围】　下列黑恶势力犯罪案件，检察机关应当及时提前介入：

（一）公安机关以涉嫌组织、领导、参加黑社会性质组织犯罪，入境发展黑社会性质组织罪，包庇、纵容黑社会性质组织罪立案侦查的；

（二）十人以上的恶势力犯罪集团，以暴力、威胁或者其他手段，多次实施恶势力惯常实施的犯罪活动；

（三）在一定区域或者行业内，多次实施恶势力惯常实施的，致人伤残或造成重大财产损失的犯罪活动；

（四）聚众扰乱社会秩序、公共场所秩序、交通秩序以及聚众“打砸抢”等具有“恶势力”性质，造成恶劣社会影响的犯罪活动；

（五）以“套路贷”“裸贷”或者“软暴力”等方式实施的强迫交易、诈骗、抢夺、非法拘禁、敲诈勒索、寻衅滋事等犯罪活动；

（六）公安机关邀请检察机关介入的其他黑恶势力犯罪案件。

第三条【介入主体】 在提请批准逮捕前，一般由检察机关侦查监督部门提前介入；经分管检察长决定，也可以由侦查监督、公诉部门联合介入。在审查逮捕后、移送审查起诉前，一般由检察机关公诉部门介入。

检察机关侦查监督、公诉部门联合介入的，由分管检察长指定责任部门代表检察机关发表意见。

第四条【介入时间】 一般黑恶势力犯罪案件，原则上应当在提请批准逮捕三日前、移送审查起诉十日前介入。

重大疑难复杂黑恶势力犯罪案件，原则上应当在提请批准逮捕七日前、移送审查起诉十五日前介入。

第五条【介入职责】 检察机关提前介入黑恶势力犯罪案件主要职责是：

（一）确定案件是否具有涉黑涉恶性质，对案件定性、法律适用以及侦查方向等重点问题提出意见建议；

（二）厘清黑恶势力犯罪组织的形成、发展过程及组织结构，审查黑恶势力违法犯罪事实；

（三）对证据的收集、固定提出建议；

（四）督促公安机关依法开展侦查活动，及时发现和纠正侦查活动中的违法违规行为。

第六条【办案人员】 检察机关应当选派业务骨干或者部门负责人提前介入黑恶势力犯罪案件。

审查批准逮捕、审查起诉黑恶势力犯罪案件一般由提前介入侦查的检察官办理，特殊情况下需要更换承办人的，应当及时通知公安机关。

第七条【工作要求】 在提前介入过程中，检察官应当依法客观审慎发表意见建议。对于重大疑难或者分歧较大的问题，检察官应当及时向分管检察长汇报，经研究后以书面形式提出意见建议。

提前介入阶段，负责审查逮捕的检察官应当基本完成证据审查、事实认定、法律适用、侦查监督等核心工作。

提前介入侦查活动的检察官应当做好工作记录，及时向部门负责人、分管检察长汇报并归档备查。

第二节　审查逮捕

第八条【办案组织】　对于案情重大疑难复杂，提请逮捕人数已满十人不满二十人的案件，应当成立由分管检察长任组长的检察官专案组，统筹全院力量做好审查逮捕工作；提请逮捕人数超过二十人的，上一级人民检察院应当统筹调配人员，合理分配卷宗材料审查、讯问、主证复核、文书制作、侦查监督等工作任务；必要时，省检察院可以指派检察官同步指导审查。

第九条【审查期限】　对犯罪事实清楚的黑恶势力犯罪案件，一般应当在三日内作出审查逮捕决定。对涉案人员众多、案情复杂的重大黑恶势力犯罪案件，一般应当在五日内作出审查逮捕决定。

第十条【黑社会性质组织犯罪审查要点】　审查逮捕黑社会性质组织犯罪应当着重审查以下方面：

（一）犯罪集团的组织结构、人员关系；

（二）犯罪集团的经济实力以及获取经济利益的方式和途径；

（三）有组织实施的具体违法犯罪活动，包括暴力、暴力威胁以及非暴力性的违法犯罪活动；

（四）对被害人造成的人身伤害和财产损失，或者对社会生活秩序造成的破坏；

（五）犯罪嫌疑人的社会危险性。

第十一条【恶势力犯罪审查要点】　审查逮捕恶势力犯罪应当着重审查以下方面：

（一）犯罪嫌疑人实施的具体违法犯罪活动；

（二）违法犯罪活动的纠集者是否相对固定；

（三）违法犯罪活动是否在相对固定的区域或者行业内；

（四）违法犯罪活动是否具有惯常性；

（五）违法犯罪活动造成的影响和后果；

（六）犯罪嫌疑人的社会危险性。

第十二条【讯问要求】　讯问黑恶势力犯罪嫌疑人，应当制作讯问提纲，重点围绕犯罪嫌疑人在团伙组织中的地位、作用，黑恶势力组织发展、运行、活动方式以及具体违法犯罪事实进行讯问。

第十三条【听取意见】 在审查逮捕环节，犯罪嫌疑人已经委托辩护律师的，应当听取辩护律师意见。辩护律师提出不构成黑恶势力犯罪意见的，应当在审查逮捕意见书中说明是否采纳的理由。采纳律师提出的意见及相关证据材料的，应当及时与公安机关沟通。

第十四条【侦查监督】 审查黑恶势力犯罪案件过程中，发现应当逮捕犯罪嫌疑人而公安机关未提请批准逮捕的，应当建议公安机关提请批准逮捕。对审查发现的重大监督线索，应当启动案件化办理程序，调查核实后及时监督公安机关纠正。

第十五条【引导补侦】 批准逮捕犯罪嫌疑人但案件仍需补充侦查的，应当制作《逮捕案件继续侦查取证提纲》。不批准逮捕犯罪嫌疑人且案件需要补充侦查的，应当制作《补充侦查提纲》。《逮捕案件继续侦查取证提纲》和《补充侦查提纲》应当体现针对性、可能性和必要性，围绕补什么、为什么补、怎样补等内容逐条列明。

第十六条【不捕跟踪】 人民检察院对以"事实不清、证据不足"不批准逮捕的黑恶势力犯罪案件，应当建立工作台账，加强后续跟踪。对不批准逮捕决定作出后二个月内公安机关未重新提请批准逮捕或者移送审查起诉的，应当及时了解案件后续收集、补充、完善证据情况。必要时，就事实认定和补充取证等提出意见。

第三节 审查起诉

第十七条【办案组织】 对于案情重大疑难复杂，移送审查起诉人数二十人以上的案件，应当成立由分管检察长任组长的检察官办案组；移送审查起诉人数超过三十人的，上一级检察院应当统筹调配人员，合理分配卷宗材料审查、讯问、主证复核、文书制作等工作任务；必要时，省检察院可以指派检察官同步指导审查。

第十八条【办案期限】 对事实清楚、证据确实充分的黑恶势力犯罪案件，应当在二十日内作出提起公诉的决定。

对重大疑难复杂，或者证据之间存在矛盾且不能排除其他可能性的案件，应当在一个月内作出是否提起公诉的决定。一个月以内不能作出决定的，经分管检察长批准，可以延长十五日。延长审查期限的案件，必须在作出延长决定的当日报上一级检察院备案，上一级检察院应当指派检察官指导并跟踪督办。

第十九条【黑社会性质组织犯罪审查要点】 对移送起诉的黑社会性质组织犯罪，除本意见第十条（一）至（四）项规定的审查要点外，还应当着重审查以下方面：

（一）围绕证据的来源、过程、结果三个要素全面审查证据的合法性；

（二）每起犯罪事实的证据是否确实充分；

（三）对组织特征、经济特征、行为特征、危害性特征不完备的案件，应结合立法本意，重点审查分析四个特征相互间的内在联系，以及造成的社会危害；

（四）是否存在遗漏罪行、遗漏犯罪嫌疑人；

（五）涉案财产的来源、性质、用途、权属以及价值大小；

（六）是否存在包庇、纵容黑社会性质组织犯罪、收受贿赂、渎职侵权等充当黑恶势力保护伞的职务犯罪线索。

第二十条【恶势力犯罪审查要点】 对移送起诉的恶势力犯罪，除本意见第十一条（一）至（五）项的审查要点外，还应当着重审查以下内容：

（一）犯罪集团成员人数是否达到三人以上，人员结构是否有一定层次，即首要分子明显、重要成员固定，组织成员经常纠集；

（二）犯罪集团共同故意实施犯罪活动是否达到三次以上，证明每起犯罪事实的证据是否确实充分，证据是否合法；

（三）犯罪集团是否存在为非作恶、欺压百姓，扰乱经济、社会生活秩序，在一定区域或者行业内造成恶劣影响的情形；

（四）犯罪集团非法获取的财物及其收益的相关证据是否收集到位；

（五）有无涉嫌包庇、纵容恶势力的职务犯罪线索。

第二十一条【退回侦查】 对经分管检察长批准退回补充侦查的案件，应当制作《退回补充侦查提纲》，详细列明需要补查的内容、方法，加强对补侦情况的跟踪、监督，补充侦查期限届满前十日，应当询问补充侦查工作开展情况，及时提醒、督促侦查机关按照提纲要求开展补充侦查工作。

第二十二条【追诉漏犯】 审查起诉中发现公安机关遗漏应当移送审查起诉同案犯罪嫌疑人，且犯罪事实清楚、证据确实充分的，可以直接提起公诉。

第二十三条【庭前会议】 对证据材料较多、案情疑难复杂、社会影响重大或者控辩双方对事实证据存在较大争议的黑恶势力案件，检察官一般应当建议法院启动庭前会议程序，尽力解决可能导致庭审中断或者拖延的事项，明确控辩争议焦点，确保庭审高效顺畅。

检察官应当做好参加庭前会议的充分准备，全面展示证据，有针对性地对证据收集的合法性作出说明。

庭前会议结束后，检察官应当围绕控辩争议焦点做好证据补强、程序完善、出庭预案等工作。

第二十四条【庭前准备】 开庭前，出庭检察官应当进一步熟悉全案事实和证据体系，对于庭审中可能涉及的其他领域的专业知识，通过查阅资料、咨询专业人士等方法，做好充分准备。必要时，可以实施庭前“模拟庭审”演练。

第二十五条【简化出庭程序】 庭前会议中提供的相关证据材料确实、充分，能够排除非法取证情形，且没有新的线索或者材料表明可能存在非法取证的，检察官在庭审调查中可以简化举证、质证。

被告人认罪或者承认指控事实仅对行为性质提出辩解的，检察官征求法庭同意后可以简化举证、质证。

对控辩双方没有争议的证据，检察官征求法庭同意后可以简化出示。

第二十六条【延期审理】 对需要延期审理的黑恶势力犯罪案件，建议延期审理应由分管检察长审批决定。

第二十七条【工作衔接】 办理一审黑恶势力犯罪案件的检察官应当在上诉期限届满三日内，查明被告人是否上诉。对提出上诉的，应当将上诉状、一审判决书、判决裁定审查表等文书及时录入检察机关统一业务应用系统，并将情况报告上一级检察院。

第四节　二审程序

第二十八条【办案组织】 对重大、疑难、复杂的黑恶势力犯罪案件，可以组建检察官办案组承办，必要时可以要求原审公诉人协助审查和参与案件讨论。

第二十九条【阅卷期限】 二审检察官应当在接到同级法院阅卷通知书之日起一个月以内，完成阅卷工作。对于重大、疑难、复杂的黑恶势力犯罪案件，检察院应当指派检察官提前查阅案卷。案件特别重大复杂的，经分管检察长审批，可以商请法院延期审理。

第三十条【审查重点】 二审检察官要在全面审查一审判决是否准确的基础上，重点围绕上诉、抗诉焦点问题、辩护人的辩护意见是否合理等方面加强审查，有针对性地做好庭审准备工作。

第三十一条【补充证据】 对于二审阶段需要补充调取和完善证据、查证检举揭发线索的，二审检察机关应当要求侦查机关、一审检察机关在规定时间内予以提供，必要时二审检察机关可以自行查证。

第三十二条【二审出庭】 出席二审法庭的检察官，应当围绕上诉、抗诉理由以及对原审判决、裁定有争议的事实进行讯问、询问、举证、质证和辩论。对于原审裁判认定的检辩双方没有异议的事实和证据，可以不再申请调查及举证、质证。

第三十三条【建议书面审理】 对于依法可以不开庭审理的上诉案件，二审检察机关可以建议二审法院书面审理并提出书面审查意见，加快诉讼进程。

第五节 衔接机制

第三十四条【捕诉衔接】 检察机关侦查监督部门、公诉部门办理黑恶势力犯罪案件，对案件性质、罪名认定、证据审查、事实认定等问题存在分歧的，可以通过案件会商、联席会议等形式统一认识，加强配合协作。

检察机关侦查监督部门作出审查决定后，应当将《审查逮捕意见书》《逮捕案件继续侦查取证提纲》《补充侦查提纲》等文书，通过统一业务应用系统发送公诉部门。

第三十五条【备案审查】 下级检察院提前介入黑恶势力犯罪案件，应当在二日内将简要案情、介入情况层报省检察院备案；受理案件的同时应当将公安机关提请批准逮捕、移送审查起诉的文书层报省检察院备案。作出决定后应当在二个工作日内将审查意见书、审查报告层报省检察院备案。

上级检察院侦查监督部门、公诉部门备案审查发现处理决定不当的，可以按程序提请本院撤销、变更决定，或者指令纠正。

第三十六条【人员调配】 省检察院应当建立办理黑恶势力犯罪案件人才库，统筹办案力量，对涉案人数众多、案情特别复杂、社会关注度高的黑恶势力犯罪案件，可以跨级别、跨区域调配办案人员，依法快捕快诉。

第三十七条【挂牌督办】 对群众关注度高、社会影响大的黑恶势力犯罪案件，省检察院应当挂牌督办。

承办案件的检察院应当在挂牌督办案件批捕、批延、移送审查起诉、退回补充侦查、提起公诉的各时间节点，及时向上级检察院汇报案件办理和诉讼进展情况。上级检察院应及时跟踪、督促案件办理，缩短办案期限，提升办案效果。

第三十八条【案件参办】 对全国扫黑除恶专项斗争领导小组办公室督办、高检院单独或者联合公安部督办的黑恶势力犯罪案件，省检察院应当指派检察官参与案件办理，配合完成提前介入、审查逮捕、审查起诉工作。

对省扫黑除恶专项斗争领导小组办公室督办、省检察院单独或者联合省公安厅督办的黑恶势力犯罪案件，设区市检察院应当指派检察官参与案件办理，配合完成提前介入、审查逮捕、审查起诉工作。

第三十九条【请示汇报】 对是否属于黑恶势力犯罪、罪与非罪、捕与不捕、诉与不诉有争议的案件，应当及时向上级人民检察院请示、汇报。

下级检察院就黑恶势力犯罪案件法律适用等问题请示上级检察院的，上级检察院应在受理之日起十五日内办结；确需延长办理期限的，由分管检察长审批决定。

第四十条【文书简化】 对于事实清楚、证据确实充分的案件，审查逮捕、审查起诉阶段的审查报告可以简化制作，省略程序性内容，突出审查关键要点和重点内容。对于涉案人员多、犯罪事实多的，可以采用表格式审查报告。

第四十一条【线索移送】 检察机关办理黑恶势力犯罪案件中，发现涉嫌包庇、纵容黑社会性质组织犯罪、收受贿赂、渎职侵权等违法违纪线索，应当在发现线索之日起三日内移送有关机关处理。

上海市高级人民法院　上海市人民检察院　上海市公安局

关于本市办理“套路贷”刑事案件的工作意见

2017年10月25日　　沪公通〔2017〕71号

为依法惩治“套路贷”犯罪活动，保护公民、法人和其他组织的合法权益，维护社会秩序，根据《中华人民共和国刑法》《中华人民共和国刑事诉讼法》等法律和有关司法解释规定，结合本市工作实际，制定本意见。

一、总体要求

近年来，以民间借贷为幌子，通过“虚增债务”“制造银行流水痕迹”“肆意认定违法”“胁迫逼债”“虚假诉讼”等各种方式非法占有公私财物的“套路贷”犯罪日益猖獗，此类犯罪严重侵害人民群众财产安全和其他合法权益，严重扰乱金融市场秩序，严重妨害司法公正，严重影响人民群众安全感和社会和谐稳定，社会危害性大，人民群众反映强烈。

本市各级人民法院、人民检察院、公安机关要对“套路贷”犯罪坚持全链条全方位打击，坚持依法从重惩处，坚持最大限度追赃挽损，进一步健全工作机制，坚决有效遏制“套路贷”犯罪活动，努力实现法律效果和社会效果相统一。

二、案件定性

（一）对“套路贷”刑事案件的定性，要结合案件的本质特征从整体把握，“套路贷”犯罪的主观目的是非法侵占被害人或其近亲属的财产，一般情况下应当以侵财类犯罪定罪处罚。

（二）犯罪嫌疑人、被告人以“违约金”“保证金”“行业规矩”等各种名义骗取被害人签订虚高借款合同、阴阳借款合同或者房产抵押合同等明显不利于被害人的各类合同，制造银行流水痕迹，制造各种借口单方面认定被害人“违约”并要求“偿还”虚高借款，在被害人无力“偿还”的情况下，进而通过讨债或者利用其制造的明显不利于被害人的证据向法院提起民事诉讼等各种手段向被害人或其近亲属施压，以实现侵占被害人或其近亲属合法财产的目的。对实施上述“套路贷”行为的，可参照以下情形加以认定：

1. 犯罪嫌疑人、被告人实施“套路贷”犯罪时，未采用明显暴力或者威胁手段，则其行为特征从整体上属于以非法占有为目的，虚构事实、隐瞒真相骗取被害人财产的诈骗行为，一般可以诈骗罪追究刑事责任。

2. 犯罪嫌疑人、被告人实施“套路贷”犯罪时，既采用了虚构事实、隐瞒真相的诈骗手段，又采用了暴力、威胁、虚假诉讼等手段，同时构成诈骗、抢劫、敲诈勒索、非法拘禁、虚假诉讼等多种犯罪的，依据刑法的规定数罪并罚或者按照处罚较重的定罪处罚。

（三）在“套路贷”犯罪案件中，相关犯罪嫌疑、被告人不明知真实借贷情况，帮助实施故意伤害、非法拘禁或者滋扰被害人及其近亲属正常生活行为，或者帮助捏造事实提起民事诉讼，符合故意伤害罪、非法拘禁罪、寻衅滋事罪、非法侵入他人住宅罪、虚假诉讼罪的构成要件的，对该部分犯罪嫌疑人、被告人以相关罪名追究刑事责任。

三、共同犯罪认定

（一）多人共同实施“套路贷”犯罪，犯罪嫌疑人、被告人应对其参与的或组织、指挥的全部犯罪行为承担刑事责任。在其所参与的犯罪环节中起主要作用的，可以认定为主犯；起次要作用的，可以认定为从犯。

（二）明知他人实施“套路贷”犯罪的，具有以下情形之一的，以共同犯罪论处，但法律和司法解释另有规定的除外：

1. 协助制造银行走账记录的；

2. 协助办理司法公证的；

3. 提供资金、场所、交通等帮助的；

4. 协助以虚假事实提起民事诉讼的；

5. 非法获取、出售、提供公民个人信息的；

6. 帮助转移犯罪所得及其产生收益，套现、取现的；

7. 其他符合共同犯罪的情形。

上述规定的“明知他人实施“套路贷”犯罪，应当结合被告人的认知能力、既往经历、行为次数和手段、与他人关系、获利情况、是否因“套路贷”犯罪受过处罚、是否故意规避调查等主客观因素进行综合分析认定。

（三）有证据证明三人以上组成较为严密和固定的犯罪组织，有预谋、有计划地实施“套路贷”犯罪，已经形成犯罪集团的，应当认定为犯罪集团，对首要分子，应当按照集团所犯的全部罪行处

四、犯罪数额认定和涉案财物处理

（一）在“套路贷”犯罪数额的认定上，要把握“套路贷”行为的犯罪本质，将其与民间借贷区别开来，从整体上对其予以否定性评价。被告人在借贷过程中以“违约金”“保证金”“中介费”“服务费”等各种名义收取的费用，均应纳入犯罪数予以认定。除了借款人实际收到的本金外，双方约定的利息不受法律保护，应当计入犯罪数额，不应当从犯罪数额中扣除。

（二）犯罪嫌疑人、被告人已将违法所得财物用于清偿债务或者转让给他人，具有下列情形之一的，应当依法追缴：

1. 对方明知是违法所得财物而收取的；

2. 对方无偿取得违法所得财物的；

3. 对方以明显低于市场的价格取得违法所得财物的；

4. 对方取得违法所得财物系源于非法债务或者违法犯罪活动的。

他人善意取得“套路贷”违法所得财物的，不予追缴。

杭州市中级人民法院　杭州市人民检察院　杭州市公安局

关于办理“套路贷”刑事案件若干问题的工作实施意见

2018 年 3 月 30 日　　　　　　　　　　杭公法〔2018〕17 号

为贯彻落实《中共中央、国务院关于开展扫黑除恶专项斗争的通知》，依法惩治“套路贷”犯罪，根据两高两部《关于办理黑恶势力犯罪案件若干问题的指导意见》和浙江省公检法《关于办理“套路贷”刑事案件的指导意见》的有关规定，结合本市办理“套路贷”犯罪案件的具体情况，现对办理“套路贷”犯罪案件适用法律若干问题提出如下意见：

一、关于罪名适用的问题

行为人是否有“以非法占有为目的”的犯意，是“套路贷”与民间借贷的本质区别，可以从借款合同金额与实际金额之间的差额大小、借款人实际控制资金的时间长短、资金的走向、违约情形产生的原因等方面综合全案事实证据情况，判断是否涉嫌刑事犯罪。按照浙江省公检法《关于办理“套路贷”刑事案件的指导意见》的规定，行为人以各种名义骗取被害人签订虚高借款合同、阴阳借款合同或者房产抵押合同等合同文书，制造资金流水痕迹，制造违约理由要求“偿还”虚高借款，在被害人无力“偿还”的情况下，进而通过讨债或者提起虚假诉讼向被害人或其近亲属施压，以实现侵占被害人或其近亲属合法财产的目的，一般情况下应当以侵犯财产类犯罪定罪处罚。从近期我市侦办的“套路贷”案件来看，以“车贷”“房贷”“校园裸贷”较为突出，现就这三类“套路贷”案件的定性定罪作进一步明确，具体如下：

（一）“车贷”类“套路贷”案件。“车贷”类“套路贷”案件是指行为人以无抵押贷款为幌子诱骗被害人签订虚假借款合同，又以为确保贷款安全给被害人车辆安装 GPS 等为由，将被害人车辆开走后人为制造违约事由进行勒索或擅自处分的案件。如果行为人在索取财物成功后，将非法控制的车辆退还被害人的，一般可以敲诈勒索定性处理；如果行为人在索取财物未成后，擅自将被害人车辆抵押、出售等处分的，一般可以诈骗罪处理，诈骗数额可以被骗车辆的价值来认定，如车辆有鉴定条件的，应当及时进行鉴定。

（二）"房贷"类"套路贷"案件。"房贷"类"套路贷"案件是指行为人在实施"套路贷"犯罪行为中，利用被害人房产进行民事诉讼来施压以达到非法侵占被害人财产目的的案件。如果行为人以非法侵占被害人房产为目的，以骗取被害人签订的"房屋抵押合同"等协议向法院提起民事诉讼，符合虚假诉讼罪或者诈骗罪特征的，以相应罪名定罪处罚。如果行为人在欺骗被害人签订虚高借款合同的同时，又签订小额保证金合同，随后凭该份小额保证金合同通过法院将被害人房产予以财产保全的，以此相要挟"索债"的，一般以敲诈勒索罪定罪处罚。

（三）"校园裸贷"案件。"校园裸贷"案件是指行为人诱骗在校学生签订虚高借款合同并提供裸照或视频作为借款保证的"套路贷"案件。对"校园裸贷"犯罪行为应当依法从严从重惩处。如果行为人以公布裸照或视频相威胁来"索债"，符合敲诈勒索罪特征的，以敲诈勒索罪处理。如果行为人在"索债"时未采用明显暴力、威胁手段的，符合诈骗罪特征的，以诈骗罪处理。如果在被害人不能还款之时，以公布裸照或视频作为要挟，强迫与被害人发生性关系而免除还贷的，以强奸罪定罪处罚；如果以此强迫、引诱或介绍女学生卖淫还款的，以强迫卖淫罪或引诱、介绍卖淫罪定罪处罚。

二、关于"套路贷"行为定罪数额的认定问题

"套路贷"案件中诈骗和敲诈勒索数额以行为人实施诈骗和敲诈勒索犯罪实际得逞的金额来认定既遂金额。行为人最后一次索要金额与借款合同、借条记载的借款数额不一致的，以行为人最后一次索要金额来追究刑事责任。

三、关于"套路贷"行为共同犯罪的认定问题

（一）进行"平账"（即由另一家贷款公司或个人偿还第一家公司或个人的债务，借款人再签下更高金额的欠款合同）的上下家公司人员是否成立共同犯罪，要从"平账"公司之间的"平账"次数、资金走向、股东情况以及行为人的认知能力、既往经历、是否因"套路贷"犯罪受过处罚、是否故意规避调查等主客观因素进行综合分析认定。如果行为人在虚构债务后，将

"债权"让给他人"平账"，而实施"平账"的人亦明知是虚构借款仍予以"平账"并催付债务的，可以认定双方对"平账"的犯罪金额有共同的犯罪故意和犯罪行为。

（二）行为人为非法放贷提供资金，认定是否事前通谋，可以结合资金提供者与"套路贷"团伙发生关联的时间点及持续时间、资金提供者参与的程度等综合考察。如行为人为非法放贷公司股东，为非法放贷业务提供资金，按比例提成，并且掌握非法放贷业务情况，可以认定为共同犯罪的主犯。行为人到案后辩解不清楚他人每次实施犯罪行为的具体过程以及犯罪对象、金额等情况，只要与放贷人之间已就实施"套路贷"犯罪行为达成了概括的共同故意，不影响成立"套路贷"犯罪的共犯。

四、关于"套路贷"行为跨区域案件的管辖问题

同一被害人被不同犯罪嫌疑人、犯罪团伙实施多起"套路贷"犯罪的，符合并案处理要求的，有关公安机关可以一并立案侦查，需要提请批准逮捕、移送审查起诉、提起公诉的，由该公安机关所在地的同级人民检察院、人民法院受理。

五、关于"套路贷"案件证据收集和审查判断问题

（一）关于"套路贷"案件证据把握问题。"套路贷"可以综合以下几方面予以认定：一是全案证据是否互相印证，是否指向犯罪嫌疑人涉嫌实施"套路贷"，具体包括被害人陈述、证人证言以及同案犯罪嫌疑人供述；二是在分别诈骗或敲诈多名被害人的情况下，注重分析各名被害人的陈述的情况是否具有一致性，同案的多名被害人是否有相似的遭遇；三是嫌疑人辩解中存在的一些不合理内容，如造成放贷金额高于借款人实际需求的原因等。

（二）关于被害方证据缺失情况下"套路贷"案件犯罪数额认定问题。因客观原因无法查实被害人，无法逐一收集被害人言词证据的，可结合已收集在案的被害人亲属的言词证据、书面合同、账本、银行账户交易记录、通讯记录、网络聊天记录及查获的赃款赃物、犯罪嫌疑人供述等证据，综合认定犯罪次数和金额。

六、杭州市中级人民法院、杭州市人民检察院、杭州市公安局之前联合发布的相关文件与本意见不一致的，以本意见为准。本意见下发后，法律、司法解释、上级文件对"套路贷"作出新规定的，以新规定为准。

七、本意见自下发之日起执行。

《最新法律文件解读》丛书
稿　　约

《最新法律文件解读》是一套以为最新法律规范提供同步"解读"为主的系列丛书,分为刑事、民事、商事、行政与执行4个分册,按月出版。

本丛书以"解读"为重点,突出全、专、新、快、准等特点,通过对最新出台的法律、法规、司法解释、部门规章以及重要地方性法规进行同步动态解读,弥补了法律、法规、司法解释汇编类出版物没有同步阐释、解读内容的不足,为广大读者学习理解最新法律规范,正确贯彻执行法律文件,及时解决实践中的新情况、新问题,提供一个全方位、多层面的法律信息平台。

欢迎您向以下栏目赐稿:

【最新法律文件解读】主要是对最新颁行的法律文件进行解读,帮助司法和执法人员正确理解法律文件的立法背景、意义、重点内容、在适用中应注意的问题、与相关法律文件的衔接与互动关系等等。

【司法实务问题研究】主要刊登对司法理论、实务及司法管理工作中的热点、疑难问题进行研究及评论的文章。

【新类型疑难案例选评】主要是对司法和行政执法实践中具有典型性和代表性的疑难案例,结合具体案情以及审理或处理结果进行简练精辟的点评,解析认识问题的方法、处理问题的法律依据和在个案中的具体适用。

【法学前沿与新视点】以摘要的形式刊登相关法学理论研究的最新动态及具有代表性和典型性的前沿问题,扩展法学研究的深度和广度。

【法律适用问题解答】主要针对司法和行政执法实践中面临的新问题、热点问题、疑难问题进行简要的解答,指出涉及的法律关系,明确法律适用依据。

稿件一经刊用,即付稿酬,稿酬从优。

《刑事法律文件解读》　　姜　峤　邮箱:bj85250573@126.com

《民事法律文件解读》　　丁丽娜　邮箱:dlnlaw@163.com

《商事法律文件解读》　　路建华　邮箱:shangshijiedu@126.com

《行政与执行法律文件解读》　张　奎　邮箱:271717306@qq.com

人民法院出版社

《最新法律文件解读》丛书编辑部